Lieblingsrezepte für Kinder

Lieblingsrezepte für Kinder

Text: Dagmar v. Cramm
Rezeptfotos: Reiner Schmitz

Inhalt

Wenn Kinder immer gerne essen würden

... was ihnen gut tut und was ihre Eltern wollen, dann würde es dieses Buch nicht geben. Doch wenn Kinder Spaß am Genießen, Probieren und Kennenlernen bekommen, wenn sie das gemeinsame Essen als Ort der Kommunikation und des Lebens erleben, und wenn sie gleichzeitig mit allem versorgt werden sollen, was sie zum Wachsen und Gedeihen brauchen, dann sind Eltern gefragt, die sich fürs Essen und Trinken interessieren. Die bereit sind, sich zu informieren und einfach – zu kochen! Und zwar nicht nur für (oder gegen) die Kinder, sondern mit ihnen. Denn das macht am Ende nicht nur Arbeit –, sondern auch Spaß.

Was Kinder brauchen

... das zieht sich parallel zu den Rezepten durch das ganze Buch – immer da, wo es thematisch hinpasst. Nachzuschlagen auf Seite 117/118 im Sachwortverzeichnis. Oder in der Tabelle Seite 8. Deshalb an dieser Stelle nur ein kurzer Überblick:
Kinder brauchen zunächst einmal Energie – und Bausteine. Die bekommen sie in Form von Kohlenhydraten, Eiweiß und Fett. Der Löwenanteil mit etwa 58 % sollte auf Kohlenhydrate entfallen, dann folgt Fett mit etwa 30 % und am Ende Eiweiß mit ungefähr 12 %. Zusätzlich zur Energie brauchen Kinder Flüssigkeit –, und zwar ungefähr so viel wie Erwachsene, also relativ gesehen mehr. Außerdem brauchen Kinder eine Extraportion Mineralstoffe, die in ihren wachsenden Organismus eingebaut werden: Calcium für die Knochen, Eisen für die roten Blutkörperchen, Magnesium für die Muskeln, Jod für die Schilddrüse – um nur einige zu nennen. Sie brauchen Vitamine, die ihren intensiven Wachstumsstoffwechsel in Schwung halten. Und – was wir erst heute wissen – sie brauchen so genannte Bioaktivstoffe, die in natürlichen Lebensmitteln enthalten sind. Dazu gehören die Ballaststoffe und Milchsäure, aber auch die ganze Reihe der sekundären Pflanzenstoffe. Diese Substanzen werden von Pflanzen zum eigenen Schutz gebildet – und erfüllen diese und andere Funktionen auch im menschlichen Körper. Sie stärken die Abwehrkräfte, beugen Krebs und Arteriosklerose vor, machen den Körper fit gegen schädliche Einflüsse von außen. Alle diese Substanzen stehen in Wechselwirkung zueinander, hemmen und fördern sich in unterschiedlicher Weise. Die Forschung darüber steckt erst in den Anfängen. Deshalb ist es wenig erfolgversprechend, per Präparat nur einige Stoffe isoliert zu schlucken. Sinnvoller ist es, diese Stoffe ganz natürlich in Obst und Gemüse, Getreide, Fleisch, Fisch und Milchprodukten zu essen. Der Ernährungskreis der Deutschen Gesellschaft für Ernährung verdeutlicht das am besten.

Was kommt bei Kindern zu kurz?

Obwohl wir alle Möglichkeiten haben, unsere Kinder optimal zu ernähren, sieht die Realität nicht so rosig aus. Kinder essen im Schnitt zu viel Fett und Eiweiß und zu wenig »komplexe« Kohlenhydrate. Verantwortlich dafür ist zu viel Fast Food, zu viel süße und salzige Snacks, zu viel süße Erfrischungsgetränke, aber auch zu viel schnelle, traditionelle Butterbrote. Zu kurz kommen außerdem Calcium, Jod, Vitamine wie Folsäure, B_2 und B_6, mehrfach ungesättigte Fettsäuren und Ballaststoffe. Denn diese Substanzen sind in erster Linie in Obst, Gemüse und Getreide sowie in Milch enthalten. Und davon bekommen unsere Kinder einfach zu wenig. Das liegt teilweise an den Vorlieben – aber auch am Angebot. Die Veränderung der Gesellschaft hat auch am Esstisch ihre Spuren hinterlassen. Doch selbst wenn Mütter heute in der Regel nicht mehr reine Familienfrauen sind, muss die Ernährung in der Familie nicht leiden. Nur die Arbeitsteilung muss sich ändern – und die Art des Kochens.

Gemeinsamkeit ist wichtig

Der Feierabend ist die Aktivzeit der Familie. Deshalb wäre es sinnlos, die Mutter zum Kochen in die Küche zu verbannen – und die Kids vor den Computer. Die Wohnküche ist mit gutem Grund im Trend: Kochen ist ein kommunikativer Akt, Eltern und Kinder sollten das gemeinsam erledigen. Sich dabei zu bewegen, tut allen gut, lockert auf und keiner hat das Gefühl zu kurz zu kommen. Dabei kommen die Freuden und Kümmernisse des Tages viel selbstverständlicher zur Sprache als beim intensiven Befragen bei Tisch. Nichts spricht dagegen, hin und wieder eine Pizza unaufgetaut in den Ofen zu schieben oder zum Chinesen zu gehen. Aber tägliche Routine sollte das nicht sein – ganz abgesehen davon, dass »Fertigfutter« auf die Dauer ganz schön ins Geld geht. Neben der Versorgung mit Nährstoffen stillt die gemeinsame Mahlzeit ja auch den Hunger nach Zusammensein. Denn schon immer war die Familientafel der Ort, an dem geredet und gelacht, geklatscht und getratscht, debattiert und doziert wurde. Schließlich ist der Esstisch häufig der einzige Ort, an dem die Familie regelmäßig zusammenkommt.

Kinder auf den Geschmack bringen

Leider teilen Kinder selten von Anfang an die gesunde Begeisterung ihrer Eltern für Gemüse, Fisch, Vollkorn & Co. Deshalb müssen Eltern auch ein bisschen Strategen sein – denn Geschmack entsteht auch durch Gewohnheit. Das heißt nicht, dass Sie Kinder zum Essen zwingen, ständig mit erhobenem Zeigefinger servieren und alles, was nicht so empfehlenswert ist, auf den Index setzen. Das könnte den gegenteiligen Effekt haben. Einfach die Dinge laufen lassen, kann gut gehen – oder

Warum selber Kochen sinnvoll ist

Wer selber kocht, weiß was drin ist.
Selber kochen ...
... spart Geld
... trainiert die Geschicklichkeit
... regt die Sinne an
... macht unabhängig
... ist immer individuell
... hält die Familie zusammen
... ist vielseitig
... macht Spaß
... ist gesund
... geht mit der Saison
... ist natürlich

aber zu einem sehr einseitigen Speiseplan führen. Versuchen Sie also, Ihren Kindern Appetit auf Vielfalt zu machen. Kleine Geschichten lassen auch Grundnahrungsmittel wie Kartoffeln in ganz neuem Licht erscheinen. Appetitlich serviert schmeckt Gemüse viel besser. Mit Stäbchen essen, dippen und Fingerfood macht das Essen zum Spiel. Entscheidend ist Ihr Vorbild. Kochen Sie deshalb (auch) das, was Ihnen schmeckt, auch auf die Gefahr hin, dass Ihr Kind vielleicht nur die Beilage (im Zweifelsfall Nudeln) isst. Probiert werden muss wenigstens ein Häppchen – und irgendwann wirkt Ihre Begeisterung auch einmal ansteckend. Lassen Sie sich durch Mäkelei nicht zu einem Schmalspur-Speiseplan zwingen.

Zum Kochen gehört natürlich auch das Einkaufen, die Vorratshaltung und die Lagerung. Achten Sie auf die Zutatenliste bei verpackten Lebensmitteln, informieren Sie sich über das, was Sie zu Hause auf den Tisch bringen. Unterschätzen Sie Ihre Macht als Verbraucher nicht und erziehen Sie Ihre Kinder ebenfalls zu kritischen Konsumenten. Aber übergeben Sie die Verantwortung für sicheres Essen und Trinken nicht nur der Industrie: Zwischen Einkauf und Essen stellen Sie selber eine Menge mit den Lebensmitteln an. Infos, wie was zu behandeln ist, wie sich Erkrankungen vermeiden lassen, was wirklich wichtig ist im Umgang mit Nahrungsmitteln, finden Sie im ganzen Buch in den Info-Kästen. Auch fürs Kochen ist Know-how wichtig, damit nicht jede Menge wertvoller Nährstoffe verloren gehen oder sogar neue, schädliche Verbindungen entstehen. Und wer ganz konkrete Fragen hat, findet die Antwort vielleicht in den Ratgebern auf den Bildseiten. Wirkliche Kompetenz in puncto Essen und Trinken bekommen Sie – und Ihre Kinder – letzten Endes nur durch Übung, durch Ausprobieren, Riechen, Sehen, Schmecken. Und lassen Sie sich nicht ins Bockshorn jagen: Essen ist lange nicht so gefährlich wie Autofahren – auch wenn uns das manchmal suggeriert wird. Wir und unsere Kinder können und müssen eine Menge verkraften. Stärken Sie die Lebenskräfte durch natürliches, vielseitiges Essen anstatt sie mit genormter, scheinbar sicherer Industrienahrung vor möglichen Risiken zu schützen. Kurz: bringen Sie Ihre Kinder auf den Geschmack!

Das finden Sie in diesem Buch

Ich habe in diesem Buch Lieblingsrezepte für Kinder zusammengetragen, die ganz nebenbei auch gesund, preiswert und nicht zu aufwendig sind. Die aber vor allem die Freude der Kinder am Essen wecken sollen. Zur besseren Orientierung ist jedes Rezept noch einmal speziell gekennzeichnet: preiswert – raffiniert – schnell – ohne Milch und Ei – vegetarisch – kinderleicht – fettarm – gehaltvoll – auch für viele – gut vorzubereiten. Das sind die Rubriken, nach denen Sie auswählen können. Aber dies Buch möchte wie sein Vorgänger nicht nur ein Kochbuch sein, sondern ein Rundum-Ratgeber für die gesunde Ernährung Ihres Kindes. Wo Sie immer einmal nachschlagen können, wenn Sie unsicher sind, etwas gelesen oder gehört haben, was mit Kinderernährung, Lebensmitteln oder Kochen zu tun hat. Diese Informationen finden Sie ausführlich in den Info-Kästen (rechts). Ganz konkret habe ich darüber hinaus die häufigsten Fragen meiner Leser(innen) gesammelt und in den Ratgeberkästen auf den bebilderten Seiten beantwortet (ganz rechts). Hier ist der Überblick. Darüber hinaus finden Sie natürlich jede Menge Tipps und Varianten zu den einzelnen Rezepten. Im hinteren Teil des Buches gibt es eine Tabelle zu Vitaminen und Mineralstoffen, Informationen zum Energiebedarf und dem richtigen Gewicht Ihres Kindes.

Info über ...

Was, wie viel, wie, wann, warum?

Wachmacher

Mondgesicht
(kleines Bild)

Zutaten für 2 Brote
1 hart gekochtes Ei
1 TL Keimöl
80 g milder Weichkäse
2 Scheiben rundes Vollkornbrot
2 Kirschtomaten
1 Stück Salatgurke
$^1/_2$ rote Paprikaschote
Paprikapulver

Zubereitungszeit: ca. 20 Min.
Pro Portion ca.: 277 kcal · 13 g E · 19 g F · 13 g K

VEGETARISCH · GEHALTVOLL

1 Ei pellen. Eigelb mit Öl mischen. Käse entrinden, mit der Gabel zerdrücken, unter Eigelb mischen. Brotscheiben damit bestreichen. Eiweiß in dünne Streifen schneiden, als Haarschopf auf die Brotscheiben legen.

2 Tomaten, Gurke und Paprikaschote waschen. Tomaten halbieren und als Augen auf die Brote setzen. Aus der Paprika lachende Münder schneiden, aufs Brot legen. Die eine Seite der Gurke mit Schale 1 cm dick abschneiden, aus dem Stück mit dem Apfelausstecher runde Nasen ausstechen, an ihren Platz setzen. Übrige Gurke zur Haar-Deko streifig schneiden. Mit Paprikapulver den Gesichtern evtl. rote Backen pudern.

Süßes Beerengesicht
(großes Bild)

Zutaten für 2 Brötchen
(ergibt 4 Gesichter)
2 runde Vollkornbrötchen
100 g Speisequark (20 % Fett)
1 EL Erdbeermarmelade
80 g körniger Frischkäse
1 EL gehackte Pistazien
2 Himbeeren
4 Heidelbeeren
1 Hand voll Johannisbeeren

Zubereitungszeit: ca. 10 Min.
Pro Portion ca.: 141 kcal · 8 g E · 4 g F · 18 g K

KINDERLEICHT · SCHNELL

1 Brötchen mit einem Brotmesser aufschneiden. Die Hälften mit Quark bestreichen. Den Frischkäse mit etwas Marmelade verrühren und als Haarschopf verteilen. Mit Pistazien bestreuen.

2 Die Beeren waschen. Die Himbeeren als Nase, die Heidelbeeren als Augen darauf legen. Mit Johannisbeeren einen lachenden Mund legen.

Variante:
Nehmen Sie als Münder Mandarinenschnitze, als Haare rote und grüne Apfelschnitze und für die Augen halbierte Kapstachelbeeren, als Belag Maracujaquark.

info

Nährwerte in Brot und Brötchen
Brot ist Grundlage einer gesunden Ernährung. Die hohen Anteile an Kohlenhydraten sind eine gute Energiequelle. Ballaststoffe sorgen für eine gesunde Verdauung. Das Eiweiß im Brot wird besonders hochwertig durch eine Ergänzung mit Milch und Milchprodukten, Ei oder Hülsenfrüchten.
Brot ist vor allem reich an B-Vitaminen, die bei allen Wachstumsprozessen im Körper eine wichtige Rolle spielen.
Bei den Mineralstoffen ist vor allem Eisen zu nennen.
Doch nicht jede Brotsorte liefert in gleichem Maße hochwertige Nährstoffe: Weißbrot deckt den Bedarf an B-Vitaminen zu etwa 10 %, Mischbrot zu 20 % und Vollkornbrot zu 30 %. Grund: Vitamine sind im Keim und den Randschichten konzentriert, die beim Ausmahlen entfernt werden. Vollkornbrot hat dazu noch einen hohen Ballaststoffgehalt. Nicht jedes körnige Brot besteht aus Vollkorn – fragen Sie lieber kritisch nach.
Bevorzugen Sie Brot, das mit Jodsalz gebacken wird – nur so bekommt Ihr Kind genug Jod (Seite 35). Bei abgepackten Broten finden Sie Angaben zu Jodsalz und Vollkorn auf der Packung – beim Bäcker müssen Sie nachfragen. Weitere Infos siehe Seite 12.

tipp

Lassen Sie Ihr Kind die Brote selbst belegen. Dann schmeckt es einfach noch mal besser.

Mein Kind mag kein Frühstück!
Der Speicher für die schnelle Energie in Form von Glycogen in unserer Leber ist nach der Nachtruhe geleert. Deshalb sind morgens leicht verdauliche Kohlenhydrate wichtig – ganz ohne sollte Ihr Kind nicht starten.
Wenigstens ein Glas Kakao, eine Banane oder ein Fruchtjoghurt sollte es sein. Ideal ist ein Müsli oder ein belegtes Brot – beides mit Milch(produkten). Wenn in der Früh der Hunger klein ist, bemessen Sie das zweite Frühstück üppiger. Beraten Sie mit Ihrem Kind, was ihm schmeckt – und was ihm morgens denn so den Appetit verschlägt.

Sandwichtabelle

Mischen Sie für ein Sandwich die Brotsorten. Z. B. Vollkornbrot mit hellem Weißbrot. Beläge und Aufstriche gibt es in schier unendlicher Auswahl. Hier finden Sie Anregungen für Kombinationen, die nicht so fett sind wie die üblichen »Stullen«. Sie können sie nach Belieben zusammenstellen (die Angaben sind jeweils für eine Portion gedacht):

Brot/Brötchen

1 Laugenbrötchen /-brezel oder
1 Vollkornbrötchen oder
1 Scheibe Vollkornbrot oder
1 Scheibe Weizenmischbrot oder
2 Scheiben Toast/Vollkorntoast oder Weizenbrot/Kastenweißbrot oder
1–2 Scheiben Knäckebrot oder
2 Zwieback oder
$^1/_8$ türkisches Fladenbrot oder
2 Scheiben Roggenbrot

Aufstriche

1 TL Butter oder Margarine oder
2 EL Quark oder
1 EL Doppelrahm-Frischkäse oder
1 EL saure Sahne (20 % Fett) oder
1 Ecke Schmelzkäse oder
1 TL Senf oder Ajvar oder
2 EL Kräuterquark

Beläge

1 EL Nuss-Nougat-Creme oder
1 EL Konfitüre/Marmelade oder
1 TL Honig oder
1 EL Schokostreusel oder
$^1/_2$ Banane in Scheiben oder
$^1/_2$ Apfel in Scheiben oder
2 EL Beeren verrührt mit 1 TL Zucker oder
1 Scheibe Hartkäse (45 % Fett) mit 2 Radieschen oder
1 Scheibe Schinken und 2 Scheiben Gurken oder
20 g Leberwurst, 1 Salatblatt oder
1 Tomate und 1 EL Schnittlauchröllchen

infos

Die verschiedenen Brotsorten:
Roggenbrote haben einen säuerlichen, kräftigen Geschmack, der durch die Säuerung des Teiges kommt. Roggenbrote sind saftig und bleiben durch den niedrigen ph-Gehalt lange frisch.
Mischbrot besteht aus Roggen- und Weizenmehl.
Weizenbrot wird überwiegend aus Weizenmehl hergestellt. Es hat eine helle Krume und eine goldbraune Kruste, ist mild, wird aber schnell trocken.
Spezialbrote haben weitere Zutaten wie Nüsse, Samen, Körner und daher einen höheren Gehalt an Vitaminen, Mineralstoffen, Eiweißen und Fetten: für dünne Kinder als Aufbaukost ideal, für mollige Kinder eher überflüssig.
Laugengebäck wird wohl in Natron getaucht, das aber beim Backen zu harmlosem Soda reagiert. Reiben Sie die Jodsalzkörner ab – dann kann Ihr Kind seine Brezel uneingeschränkt genießen: Heute ist die Ernährungswissenschaft Jodsalz gegenüber toleranter geworden.

Vor allem: nicht Brot macht dick, sondern der Belag. Schneiden Sie die Scheiben also eher dicker, versuchen Sie so oft wie möglich Vollkornbrot auftutischen, lassen Sie aber auch mal hellere Sorten zu. Frisch schmeckt übrigens auch Vollkornbrot am besten!

Brot aufbewahren:
Brot niemals im Kühlschrank aufbewahren, dort trocknet es aus. Brotkasten oder Tontöpfe sind ideale Aufbewahrungsorte für Brot. Schimmeliges Brot wegwerfen, der Schimmel durchzieht das gesamte Gebäck. Alle 2 Wochen den Brotbehälter mit Essigwasser auswaschen – das beugt Schimmelbefall vor.

So bleiben Schulbrote frisch:
Brote mit hohem Roggenanteil sind besonders saftig. Packen Sie zwischen den Belag einige Salatblätter – dann bleibt die Stulle frisch. Statt Butter können Sie als Aufstrich unter den Belag auch Schmand oder Quark oder Frischkäse nehmen – auch das bringt Feuchtigkeit. Als Verpackung sind Frischhalteboxen ideal.

infos

Aufstrich: Achtung fett!
Doppelrahm-Frischkäse, Leberwurst und Nuss-Nougat-Creme haben eins gemeinsam: Sie enthalten viel Fett. Über die Hälfte ihrer Kalorien kommen aus dem Fettanteil. Butter und Margarine bestehen fast zu 100 % aus Fett.
Es ist deshalb sinnvoll, bei Aufstrichen an Fett zu sparen:
Streichen Sie Butter oder Margarine sehr dünn auf oder ersetzen sie durch Quark oder Frischkäse.
Wählen Sie Frischkäse in niedrigeren Fettstufen, nicht in der Doppelrahmstufe. Bevorzugen Sie Magerquark oder allenfalls Schichtkäse. Joghurtaufstriche sind ebenfalls fettarm.
Auch bei Streichwurst und streichfähigem Käse gibt es weniger fette Sorten – mehr als 30 % Fett sollte es nicht sein. Dafür Butter oder Margarine ganz weglassen.
Für Nuss-Nougat- oder Schokoladen-Creme auch Butter weglassen.
Absolut fettarm bis -frei sind Konfitüre, Honig, Fruchtaufstriche auf der süßen Seite. Bei Käse sind Sorten unter 40 % Fett i.Tr. empfehlenwert, bei geschnittener Wurst und Aufschnitt sollten es unter 20 % Fett sein (z. B. Putenwurst, Bierschinken).

Frühlingsaufstrich

(großes Bild, links)

Zutaten für 1 Glas (250 g)

- 50 g Grünkernschrot
- 125 ml Gemüsebrühe (Instant)
- 2 hart gekochte Eier
- 1 Möhre, 5 Radieschen
- 1 Tomate, 3 TL süßer Senf
- $^1/_2$ Bund gehackte Petersilie
- $^1/_2$ Beet Kresse
- 1 EL kaltgepresstes Olivenöl
- Jodsalz, Pfeffer, Muskatnuss
- 2 EL Sauerrahm (20 % Fett)

Zubereitungszeit: ca. 30 Min.
Pro Portion ca.: 65 kcal · 3 g E · 3 g F · 6 g K

VEGETARISCH · FETTARM

1 Grünkernschrot in der Gemüsebrühe aufkochen und ca. 5 Min. köcheln lassen, bis die Brühe vollständig aufgesogen ist. Die Eigelbe auslösen, die Eiweiße fein würfeln.

2 Das Gemüse waschen und putzen. Möhre und 3 Radieschen grob zerkleinern. Petersilie waschen, trocknen und fein hacken. Zusammen mit Grünkern, Senf, Eigelben, der Hälfte der Kresse (mit der Schere vom Beet schneiden), Petersilie, Öl und Gewürzen fein pürieren.

3 Tomate und restliche Radieschen fein würfeln, mit Eiweißwürfeln, der restlichen Kresse und dem Sauerrahm unter den Aufstrich rühren. Nochmals abschmecken und evtl. mit Kresse garnieren.

Haltbarkeit/Aufbewahrung :
Selbst gemachte Brotaufstriche bald verzehren. In sauberen, verschließbaren Gläsern max. 1 Woche im Kühlschrank aufbewahren.

Vegi-Leberwurst

(großes Bild, rechts)

Zutaten für 1 Glas (ca. 500 g – ca. 20 Portionen)

- 1 Dose Kidneybohnen (Abtr. 250 g)
- 200 g geräucherter Tofu
- 1 Zwiebel, $^1/_2$ TL gehackte Petersilie
- 4 EL Olivenöl
- 2 TL frischer Majoran
- Jodsalz, Pfeffer

Zubereitungszeit: ca. 20 Min.
Pro Portion ca.: 37 kcal · 15 g E · 25 g F · 2 g K

FETTARM · GUT VORZUBEREITEN

1 Bohnen auf einem Sieb kurz abspülen und abtropfen lassen. Tofu in Stücke schneiden. Zwiebel schälen und fein würfeln. Petersilie waschen, trocknen und fein hacken. 1 EL Olivenöl in einer Pfanne erhitzen, die Zwiebeln darin glasig dünsten, Majoran zugeben und kurz mitdünsten. Vom Herd nehmen, abkühlen lassen.

2 Alle Zutaten in einen hohen Behälter geben und mit dem Mixstab cremig pürieren. Petersilie zugeben. Mit Jodsalz und Pfeffer würzen.

info

Basiscreme für pfiffige Brotaufstriche:
Verrühren Sie 150 g Magerquark und 50 g Frischkäse. Fertig ist die Basis:

1. Mexquark
1 rote und gelbe Paprika klein würfeln, mit 2 EL Ajvar unter den Quark rühren. Pikant abgeschmeckt wird mit Paprika, Pfeffer und Jodsalz.

2. Curry-Möhri
1 Möhre und 1 kleines Stück Sellerie waschen, putzen und fein raspeln. Unter die Basiscreme rühren. Mit 1 TL Senf, 1 Prise Ingwer und 1 TL Curry würzig abschmecken.

3. Pinky
3 EL gemischte Beeren mit 1 EL Konfitüre und 1 EL gehackte Nüsse unter den Quark mischen.

Maroni-Wurst

(kleines Bild)

Zutaten für 5 kleine Würste

- 250 g Maroni/Kastanien aus der Dose
- 75 g gemahlene Haselnüsse
- 100 ml süße Sahne
- 2 gehäufte EL Kakaopulver
- 2 EL Agavendicksaft oder 2 EL Zucker
- 1 Prise Zimt
- Frischhaltefolie zum Einwickeln

Zubereitungszeit: ca. 45 Min.
Pro Portion ca.: 133 kcal · 3 g E · 7 g F · 15 g K

GUT VORZUBEREITEN

1 Maroni auf einem Sieb abtropfen lassen. Haselnüsse in einer Pfanne rösten. Maroni portionsweise mit der Sahne pürieren, dabei sollten noch einige grobe Stücke sichtbar sein. Mit Haselnüssen, Kakao, Agavendicksaft und Zimt cremig rühren. Masse für etwa 3 Std. in den Kühlschrank stellen.

2 Masse in drei Teile teilen, jeweils auf ein Stück Frischhaltefolie geben und zu einer Wurst rollen. Würste in der Folie eingeschlagen im Kühlschrank aufbewahren. In dünnen Scheiben auf Brotscheiben anrichten.

Variante:
300 g frische Kastanien oben kreuzweise einschneiden, auf einem Blech im Backofen bei 220° etwa 25 Min. backen. Kastanien schälen. Dann fortfahren wie oben.

Wie gesund sind süße Brotaufstriche?
Nuss-Nougat-Creme und Schokostreusel sind sehr fett: Butter oder Margarine darunter weglassen. Fruchtige Aufstriche oder Honig sind fettfrei und kohlenhydratreich und deshalb empfehlenswert – vor allem auf Quark. Bei fruchtigen Aufstrichen gilt: je mehr Frucht, desto höher ist der Anteil vor allem an Ballast- und Mineralstoffen. Bei Konfitüre »extra« bevorzugen oder Fruchtaufstriche nehmen. Pflaumenmus, Apfel-, Birnen- und Rübenkraut (Reformhaus) sind noch wertvoller.

Selbst geflocktes Müsli

(im Bild links oben)

Zutaten für 4 Personen

4 EL Haselnüsse
8 getr. Aprikosen oder Pflaumen
je 1 Apfel, Blutorange, Banane (bzw. Obst nach Saison)
ca. 150 g Hafer (z.B. Nackthafer)
zusätzlich: 1 l frische Vollmilch

Zubereitungszeit: ca. 15 Min.
Pro Portion ca.: 452 kcal · 16 g E · 20 g F · 54 g KH

KINDERLEICHT · GEHALTVOLL

1 Nüsse und Trockenobst grob hacken, Äpfel waschen, Orange und Banane schälen, in mundgerechte Stücke schneiden. Sie können den Apfel auch in Scheiben schneiden und mit einem Sternausstecher Sternchen machen. Alles mischen und separat auf vier Schalen verteilen.

2 Je nach Wunsch pro Portion 3–4 EL Hafer mit einem Getreideflocker zu Flocken quetschen. Mit dem Obst und den Nüssen mischen und mit frischer Milch übergießen.

Varianten:
Verwenden Sie Obst nach Saison, z. B. Trauben, Erdbeeren, Kirschen oder Himbeeren. Toll schmeckt das Müsli auch mit Joghurt oder cremig gerührtem Quark. Milchallergiker nehmen frisch gepressten Saft statt Milch.

Flocker:
Haferflocken lassen sich mit Hilfe einer Getreidequetsche prima selbst herstellen. Kindern bereitet es viel Spaß, ihr Müsli selbst herzustellen.

Allergiker-Müsli

(im Bild rechts unten)

Zutaten für 4 Personen

80 g gepuffter Amaranth
80 g Reis- oder Hirseflocken
2 Bananen
$^3/_4$ l Bananensaft
250 g Himbeeren
nach Belieben 100 g Blaubeeren

Zubereitungszeit: ca. 30 Min.
Pro Portion ca.: 328 kcal · 7 g E · 4 g F · 66 g KH

GUT VORZUBEREITEN · OHNE MILCH UND EI

1 Amaranth mit Reisflocken mischen. Bananen schälen und klein schneiden, mit dem Bananensaft im Mixer cremig pürieren. Himbeeren verlesen.

2 Müsli auf die Teller verteilen, mit Himbeeren und nach Belieben mit Blaubeeren belegen und mit Bananensaft übergießen.

Varianten:
Sie können sich einen Vorrat anlegen. Ersetzen Sie die frischen Bananen durch 80 g Bananenchips, Himbeeren weglassen. Bereiten Sie die 3-fache Menge zu und bewahren Sie die Müslimischung in einer gut verschließbaren Dose auf. Je nach Wunsch Portionen entnehmen und mit Saft übergießen.

info

Unverträglichkeit & Allergie
Unverträglichkeiten und Allergien durch Nahrungsmittel treten immer häufiger auf. Bestandteile von Nahrungsmitteln lösen Reaktionen wie Erbrechen, Durchfall, Bauchschmerzen, Blähungen oder Juckreiz aus. Im Kindesalter handelt es sich bei Lebensmitteln meistens um Unverträglichkeiten, die nach einiger Zeit wieder verschwinden. Bei Unverträglichkeiten hängt die Reaktion von Menge, Zeitpunkt und der gesamten Verfassung des Kindes ab. Sprechen Sie auf jeden Fall mit Ihrem Kinderarzt.

In der Milch sind entweder das Milcheiweiß (Casein) und der Milchzucker (Lactose) für allergische Reaktionen verantwortlich. Besteht eine Unverträglichkeit auf Laktose, reicht der Verzicht auf Milch. Milchprodukte wie Joghurt, Quark oder Käse werden in der Regel gut vertragen. Bei Milcheiweiß-Unverträglichkeit gilt: Milch und alle Milchprodukte weglassen. Achten Sie bei der Zutatenliste der Lebensmittel auf Milch, Milcheiweiß, Magermilchpulver, Molke, Käse oder den Zusatz »Lacto-«. Um die Calciumversorgung zu gewährleisten, sollten calciumreiche Mineralwässer (Seite 104), Calcium angereicherte Säfte und Präparate gegeben werden.

Bei einer Unverträglichkeit gegen Ei ist meist das Eiweiß der Auslöser. Lassen Sie alle Nahrungsmittel mit Eiern weg. Fragen Sie nach eifreien Produkten. Verwenden Sie nur Nudeln aus 100 % Hartweizen ohne Eizugabe (siehe Verpackung). Kaufen Sie keine Lebensmittel, auf deren Zutatenliste Ausdrücke wie »Eiklar«, »Eigelb«, »Ovo-« stehen.

Eine Unverträglichkeit gegenüber Gluten, einem Getreideeiweiß, nennt man »Zöliakie«. Sie macht sich meist schon im Säuglingsalter durch Blähbauch und Gedeihstörungen bemerkbar. Gluten findet sich in Weizen, Dinkel, Roggen, Gerste, Hafer. Alternativen sind Reis, Mais, Buchweizen oder Johannisbrotkernmehl. Im Reformhaus gibt es Spezialbrote. Viele industriell gefertigte Lebensmittel enthalten Zusatzstoffe, die aus Gluten hergestellt werden. So z. B. der Geschmacksverstärker Glutamat. Informieren Sie sich genau über Inhaltsstoffe. Vermeiden Sie Fertig-, Tüten- oder Dosengerichte.

Schwarzwälder Kinderkirsch

Zutaten für 4 Personen
700 ml Milch
150 g Milchreis
3 gehäufte EL Trinkkakaopulver
1 Prise Jodsalz
1 gr. Glas Sauerkirschen (Abtr. 350 g)
250 g Schichtkäse
1 Becher Vanillejoghurt (150 g)

Zubereitungszeit: ca. 35 Min.
Pro Portion ca.: 444 kcal · 19 g E · 9 g F · 69 g KH

PREISWERT · GEHALTVOLL

1 Milch in einen Topf geben und aufkochen. Milchreis, 2 EL Trinkkakaopulver und Jodsalz hinzufügen und bei mittlerer Hitze ca. 25 Min. ausquellen lassen.

2 Kirschen auf einem Sieb abtropfen lassen. Einige für die Dekoration beiseite legen. Schichtkäse mit Joghurt cremig schlagen, bei Bedarf etwas Milch beimischen. Abwechselnd Milchreis, Kirschen und Schichtkäsemasse in ein Schüsselchen schichten, mit Schichtkäsemasse abschließen.

3 Mit einigen Kirschen dekorieren. Zum Servieren mit dem restlichen Kakaopulver bestreuen.

Haferflocken-Vanillegrütze

Zutaten für 4 Personen
400 ml Milch
1 Vanillestange
120 g Haferflocken
2 EL Zucker
300 g reife Aprikosen (oder 200 ml Sanddornsaft, ungesüßt)
2 Bananen
100 g steif geschlagene Sahne

Zubereitungszeit: ca. 20 Min.
Pro Portion ca.: 342 kcal · 9 gE · 14 g F · 45 g KH

GEHALTVOLL · AUCH FÜR VIELE

1 Milch in einen Topf geben und langsam erhitzen. Vanillestange längs halbieren und das Mark auskratzen, zur Milch geben. Haferflocken und Zucker zufügen und aufkochen lassen. Vom Herd nehmen und abkühlen lassen.

2 Aprikosen waschen, häuten, halbieren und die Kerne entfernen. Bananen schälen und zusammen mit den Aprikosen pürieren.

3 Die Sahne unter die Haferflocken-Grütze heben, diese in Schälchen füllen. Eine Mulde in die Grütze drücken und das Bananen-Aprikosen-Mus hineingeben.

Variante:
Ersetzen Sie die Haferflocken durch die gleiche Menge Hirseflocken. Neben Aprikosen eignen sich auch sehr gut Pfirsiche, Nektarinen oder Pflaumen.

info

Was kommt in die Müsli-Schale?
Fertig-Cerealien – die Zutatenliste auf der Verpackung verrät, was drin ist: dort sind alle Zutaten in Reihenfolge ihrer Mengenanteile angegeben. Meist sind Fertig-Cerealien wie Cornflakes, Pops oder Crispies zusätzlich gesüßt mit Honig, Zucker, Glukosesirup, Fructose, Dextrose, Malzsirup oder Maltodextrin.

Auch wenn diese Stoffe auf der Zutatenliste ganz hinten stehen, summieren sie sich doch. Deswegen nicht zusätzlich süßen. Im Prinzip sind Fertig-Cerealien mit Milchprodukten und Obst kombiniert eine gesunde Zwischenmahlzeit, denn sie enthalten viel Kohlenhydrate und wenig Fett. Aber danach Zähne putzen nicht vergessen: Denn Cerealien kleben geradezu in den Zähnen.

Frühstücksflocken sind häufig mit Vitaminen und Mineralstoffen angereichert. Isst Ihr Kind ausreichend Obst und Gemüse, braucht es keine zusätzlich angereichterten Nahrungsmittel. Für Obst und Gemüsemuffel kann eine extra Portion jedoch nicht schaden.
Für Fertigmüsli gilt: Bevorzugen Sie Mischungen aus Grundzutaten wie Getreide, Trockenobst, Nüssen und Samen. Bei übergewichtigen Kindern Mix ohne Nüsse, Samenkerne und Schokoflocken bevorzugen.

Was Kleines – für Zwischendurch

Streifen-Quark

(großes Bild)

Zutaten für 4 Personen

300 g Zucht-Heidelbeeren oder Brombeeren
300 g Himbeeren oder Erdbeeren
500 g Quark (20 % Fett)
150 fettarmer Joghurt
3 EL Zucker
2 EL Sesamsamen

Zubereitungszeit: ca. 10 Min.
Pro Portion ca.: 269 kcal · 18 gE · 9 g F · 27 g K

KINDERLEICHT

1 Die Heidelbeeren oder Brombeeren waschen, Himbeeren oder Erdbeeren verlesen. Einige Beeren für die Dekoration beiseite stellen. Das Obst nach Sorten getrennt pürieren.

2 Den Quark mit Joghurt und Zucker verrühren, dann in zwei Teile teilen und mit jeweils einer Obstsorte verrühren. Sollte die Quarkcreme zu fest sein – einfach Milch beimischen.

3 Sesamsamen ohne Fett in einer Pfanne rösten, bis sie duften. Die Quarkmischungen abwechselnd in eine Schale schichten. Mit Sesam bestreuen und mit den restlichen Beeren dekorieren.

Varianten:
Beliebiges Obst der Saison waschen, klein schneiden, mit etwas Zucker oder Honig und Milch, Joghurt oder Buttermilch im Mixer pürieren.

Orangen-Drink

(kleines Bild)

Zutaten für 4 Personen

4 Orangen
4 getrocknete Aprikosen
Saft von $^1/_2$ Zitrone
1 l Buttermilch, 2 EL Hefeflocken
2–3 EL Agavendicksaft oder
2–3 EL Zucker

Zubereitungszeit: ca. 10 Min.
Pro Portion ca.: 146 kcal · 6 g E · 2 g F · 25 g K

FETTARM · SCHNELL

1 Orangen bis auf das Fruchtfleisch schälen, den weißen Innenstrang herauslösen. Die Aprikosen fein würfeln. Zusammen mit 3 Orangen, Zitronensaft, Buttermilch, Hefeflocken und Agavendicksaft in einen Mixer geben und pürieren.

2 Die übrige Orange in Scheiben schneiden. Drink damit garnieren.

Erdbeer-Bananen-Drink

(kleines Bild)

Zutaten für 4 Personen

3 Bananen, 400 g Erdbeeren
1 Pck. Vanillinzucker
$^3/_4$ l frische Milch (1,5 % Fett)

Zubereitungszeit: ca. 10 Min.
pro Portion ca.: 215 kcal · 8 g E · 7 g F · 31 g K

KINDERLEICHT · AUCH FÜR VIELE

1 Die Bananen schälen und klein schneiden. Die Erdbeeren waschen, die Stiele entfernen. Das Obst mit Vanillinzucker und der Milch in einen Mixer geben und kräftig pürieren. Auf Gläser verteilen.

info

Milchprodukte und Probiotics
Unter dem Wort »Milch« versteht man im amtlichen und allgemeinen Sprachgebrauch grundsätzlich »Kuhmilch«. Milch von anderen Tierarten muss als solche ausgewiesen werden. Kuhmilch unterscheidet man nach Behandlungsart und Fettgehalt:

Vorzugsmilch wird roh abgefüllt, stammt aus amtlich streng kontrollierten Betrieben, ist aber für Kinder nicht unbedenklich und für Babys tabu (S. 111). Sie hält sich auch in gekühltem Zustand nicht länger als 1–2 Tage.
Frischmilch ist pasteurisiert, d.h. schonend 40 Sek. auf 71°–74° erhitzt und hält sich gekühlt 3–5 Tage.
H-Milch hingegen ist ultrahocherhitzt und bleibt selbst ungekühlt mindestens 6 Wochen haltbar. Frischmilch und H-Milch sind sich – was die Inhaltsstoffe betrifft – weitgehend ebenbürtig. Milch ist homogenisiert, d.h. die Fetttröpfchen sind so fein verteilt, dass sie sich nicht mehr absetzen.

Milch enthält neben essenziellen Aminosäuren wichtige Mineralstoffe wie z. B. Kalium, Magnesium, Phosphor und vor allem Calcium für Zähne und Knochen, auch Vitamin B_2 und kleine Mengen Vitamin D. Milchfett ist leicht verdaulich.
Magermilch ist entrahmte Milch und enthält nur 0,3 % Fett: Für Kinder ist sie zu mager und wässerig.
Fettreduzierte Milch mit 1,5 % Fett liefert alle wichtigen Nährstoffe, schmeckt und ist auch für die Kinderernährung optimal.
Wer Milch nicht verträgt, kann sie auch durch Sauermilchprodukte wie Quark, Joghurt, Kefir und Buttermilch ersetzen. Bei diesen Produkten wird der Milchzucker, die Laktose, durch Fermentierung aufgespalten und kann so vom Körper leichter verdaut werden.

Probiotische Joghurts und Drinks enthalten aktive Mikroorganismen (probiotische Milchsäurebakterien), die die Darmflora positiv verändern und bei regelmäßigem Genuss zur Verminderung von Krankheitsrisiken beitragen sollen. Sie sind etwas teurer und wirken nur bei regelmäßigem Konsum. Ob sie tatsächlich viel wirkungsvoller sind als »normaler« Joghurt, ist eher unwahrscheinlich.

Wie bekommt mein Kind genug Calcium?
Die beste Calciumquelle ist immer noch Milch und ihre Produkte (s. o.). Calcium ist auch in Broccoli, Fenchel, Erbsen, Sesam und Nüssen vorhanden, wird aber aus pflanzlichen Produkten viel schlechter verwertet. Sojamilch enthält übrigens kaum Calcium! Die Aufnahme ist am besten bei einer regelmäßig verteilten Zufuhr über den ganzen Tag gesichert. Abends wird Calcium besonders gut aufgenommen: Milch ist also das ideale Betthupferl. Übrigens: 90 g Edamer Käse hat ebenso viel Calcium wie 0,5 l Milch.

Bunte Käsekugeln
(großes Bild)

Zutaten für 20 Stück

100 g Doppelrahm-Frischkäse
100 g Magerquark
50 g kräftiger Schafkäse
Jodsalz, Pfeffer
1 Bund Schnittlauch
2 EL Sesamsamen
$^{1}/_{2}$ rote Paprikaschote
2 EL Leinsamen
evtl. bunte Papierbackförmchen

Zubereitungszeit: ca. 45 Min.
Pro Stück ca.: 30 kcal · 2 g E · 2 g F · 1 g K

KINDERLEICHT · GUT VORZUBEREITEN

1 Den Frischkäse mit Magerquark und dem Schafkäse pürieren. Mit Jodsalz und Pfeffer abschmecken.

2 Den Schnittlauch waschen, gut abtropfen lassen, in Röllchen schneiden. Den Sesam in einer Pfanne ohne Fett kurz anrösten, dann abkühlen lassen. Die Paprikaschote waschen, putzen und möglichst fein würfeln, den Leinsamen bereitstellen.

3 Die Käsemasse zu Kugeln formen und diese jeweils in einer der vier Zutaten wälzen. Die Kugeln in die Papierförmchen setzen und kühl stellen. Später die Kugeln so essen oder jeweils 1 Kugel als Brotaufstrich für 1 Scheibe Brot verwenden.

Müsli-Schnitten
(kleines Bild)

Zutaten für 10 Schnitten

200 g getrocknete Aprikosen
50 g frische (oder getrocknete) Datteln ohne Kern
2 EL Honig
150 g Buchweizen, 150 g Haferflocken
2 rechteckige Backoblaten (122 x 202 mm)
75 g gemischte, getrocknete tropische Früchte

Zubereitungszeit: ca. 45 Min.
Kühlzeit: ca. 1 $^{1}/_{2}$ Std.
Pro Stück ca.: 188 kcal · 5 g E · 2 g F · 34 g K

RAFFINIERT · OHNE MILCH UND EI

1 Aprikosen und Datteln fein hacken. Die Hälfte mit dem Honig und evtl. 2 El Wasser pürieren. Die Buchweizenkörner und die Haferflocken in einer Pfanne ohne Fett behutsam rösten. Mit dem Aprikosenpüree und den restlichen Aprikosen- und Dattelstücken vermischen.

2 Die Masse auf die Backoblaten verteilen und mit einer Palette oder einem Messer glatt streichen. Die Schneide dabei immer wieder in Wasser tauchen. Die getrockneten tropischen Früchte im Blitzhacker fein zerkleinern und auf den Schnitten verteilen, danach fest eindrücken. Jede Backoblate in fünf Streifen schneiden. Die Schnitten zwischen Pergamentpapier im Kühlschrank aufbewahren.

Variante:
Kleinere Kinder lieben Müsli-Taler. Für 25 Taler wird die Masse mit einem Teelöffel auf kleine, runde Oblaten aufgetragen, mit einer zweiten Oblate abgedeckt und an den Seiten glatt gestrichen. Hier fallen die Tropenfrüchte als Belag weg.

info

Fertigsnacks zum Kaufen
Fertigsnacks wie Riegel oder Kekse enthalten meist zu viel Fett und zu wenig Kohlenhydrate und Ballaststoffe. Sie sind im Nu gegessen, dadurch begünstigt dieses »Fast Food« Übergewicht. Darüber hinaus enthalten sie oft Aroma-, Farb- und Konservierungsstoffe und sind häufig völlig unnötig mit Vitaminen und Mineralstoffen angereichert.

Fazit: Fertigsnacks sind keine vollwertigen Zwischenmahlzeiten, sondern Süßigkeiten zum Genießen – statt Kuchen. Ab und zu also freigeben – am besten zusätzlich zu einer Portion Obst.

Hier zur besseren Information eine Übersicht über Fertigsnacks mit ihrem Fettgehalt:

Süßigkeiten	Fett in g
Gummibärchen (in 100 g)	0
Russisch Brot (in 100 g)	1
Butterkeks (1 St.)	1
Butterkeks mit Schokolade (1 St.)	4
süßes Popcorn (40 g)	2
Milchschokolade (in 100 g)	32
Joghurtschokolade	40
Müsliriegel (1 St.)	4–6
Schokoriegel (1 St.)	10–17
Hanuta (1 St.)	7
Milchschnitte (1 St.)	7
Nuss-Fruchtschnitte (1 St.)	10
Studentenfutter (50 g)	19
Esspflaumen	0
Eis	
Waffeleis (1 St.)	14
Fruchteis (1 St. Stieleis oder Kugel)	0
Salziges	
Chips (100 g)	36
Erdnussflips (100 g)	24
Tuc/Cräcker (1 St.)	1
Salzstangen (100 g)	6

Muss mein Kind zwischendurch essen?

Wer ständig isst, verliert schnell die Kontrolle über die Mengen und das Gefühl für Hunger und Sättigung – langfristig kann das zu Übergewicht führen. Außerdem verderben viele Snacks den Appetit zur Hauptmahlzeit, die mit Gemüse, Kartoffeln und Fleisch oder Fisch besonders wertvoll ist. Andererseits haben Kinder einen relativ hohen Energiebedarf: Ideal sind vor- und nachmittags je eine Zwischenmahlzeit, am besten 2 Std. vor der Hauptmahlzeit. Als Zwischenmahlzeit ideal sind: Bananen, Äpfel, Joghurt, Trockenobst.

Kalter Käse-Hund

(großes Bild)

Zutaten für eine 26 x 11 cm Kastenform (ergibt 16 Stück)

je 1 Bund Dill, Petersilie und Basilikum
1 Knoblauchzehe
100 g weiche Butter
300 g Pumpernickel in Scheiben
500 g Magerquark
300 g milder, fetter Schafkäse
evtl. 20 g Speisebinder ohne Kochen
Pfeffer
je 1 rote, 1 orange oder 1 gelbe Paprikaschote, 2 Bund Schnittlauch

Zubereitungszeit: ca. 45 Min.
Ruhezeit: ca. 4 Std.
Pro Portion ca.: 154 kcal · 9 g E · 9 g F · 10 g K

Vegetarisch · auch für viele

1 Die Kräuter waschen, abtropfen lassen und die Blättchen fein schneiden. Die Knoblauchzehe abziehen, würfeln. Knoblauch und Kräuter mit einer Gabel unter die Butter kneten.

2 Die Pumpernickelscheiben von beiden Seiten dünn mit dieser Kräuterbutter bestreichen. Den Schafkäse durch ein Sieb streichen und mit dem Quark cremig rühren. Ist die Masse zu weich, etwas Speisebinder ohne Kochen unterrühren.

3 Die Paprikaschoten waschen, in kleine Würfel schneiden. Die Form mit Frischhaltefolie auslegen. Boden und Wände mit zurechtgeschnittenen Pumpernickelscheiben auskleiden.

4 Die Käsemasse in vier Portionen teilen. Jeweils drei Schichten Käsecreme in die Form füllen, jede mit Paprikawürfeln dicht bestreuen und mit Pumpernickel bedecken. Die oberste Schicht besteht also auch aus Brot.

5 Die ganze Pastete fest zusammendrücken, die Folie über der Pastete zusammenschlagen und mindestens 4 Std. im Kühlschrank ruhen lassen.

6 Dann die Pastete stürzen, mit dem restlichen Käse rundherum bestreichen. Den Schnittlauch unter kaltem Wasser abbrausen, abtropfen lassen und in feine Röllchen schneiden, die Pastete damit rundherum bestreuen. Im Ganzen auftischen, dann erst die Scheiben abschneiden.

info

Kinder-Käse: mild & mager
Käse ist für Kinder eine ideale Calciumquelle. Je härter der Käse, desto mehr Calcium enthält er – allerdings meist auch mehr Fett und Eiweiß, denn er ist dann einfach konzentrierter. Junger Hartkäse enthält dagegen noch mehr Wasser, ist mild und weich. Beliebt bei Kindern ist junger Gouda, Butterkäse, Edamer und andere milde Schnittkäsesorten. Andererseits auch Schmelzkäse, Frischkäse und Mozzarella. Hartkäse mit einem Fettgehalt bis zu 45 % Fett i.Tr. und Weichkäse bis maximal 50 % Fett i.Tr. sind für Kinder noch geeignet. Spezielle Kinderkäse sind nicht nötig und oft teuer. Neben Calcium enthält Käse noch konzentriert alle Nährstoffe der Milch.

Die Abkürzung »Fett i. Tr.« (Fett in der Trockenmasse) steht für den Fettgehalt des Käses. Hartkäse besteht etwa zur Hälfte und Weichkäse zu drei Viertel aus Wasser. Der tatsächliche Fettgehalt liegt also deutlich unter dem Fettgehalt in der Trockenmasse. So enthält Gouda mit 45 % Fett i. Tr. etwa 22 % Fett und Brie mit 50 % Fett i.Tr. nur etwa 20 % Fett. Je jünger und weicher der Käse, desto höher der Wasser- und niedriger der Fettgehalt.

Möhren-Fisch

(kleines Bild)

Zutaten für 2 Brote

200 g junge Möhren
Jodsalz
2 EL Zitronensaft
2 EL Keimöl
1 TL milder Senf
100 g Thunfisch naturell
2 Scheiben aus der Mitte eines runden Brotlaibes
4 schwarze Oliven oder blaue Trauben
1 EL geschälte Sesamsamen
$^{1}/_{2}$ Friséesalat

Zubereitungszeit: 45 Min.
Pro Portion ca.: 195 kcal · 15 g E · 13 g F · 28 g K

Gehaltvoll · raffiniert

1 Die Möhren waschen und schälen. $^{1}/_{2}$ Tasse Wasser und 1 Prise Jodsalz in einen Topf geben, die Möhren zufügen und zudecken. Bei mittlerer Hitze in etwa 10 Min. dünsten und abkühlen lassen.

2 Den Zitronensaft mit dem Keimöl und dem Senf verrühren. Zwei Drittel davon mit dem Thunfisch in eine Rührschüssel geben, mit dem Pürierstab cremig rühren.

3 Die Brotscheiben mit ihrer glatten Seite gegeneinander legen und mit der Thunfischmasse bestreichen. Die Möhren in dünne Scheiben schneiden und schuppenartig den Brotfisch damit belegen. Aus den Oliven oder Trauben Augen und Fischmaul schneiden. Über die Schuppen die Sesamsamen streuen. Den Friséesalat putzen und waschen, die Blätter abtropfen lassen und als Flossen und Schwanz an den Brotfisch legen. Mit dem übrigen Dressing leicht beträufeln. Möglichst gleich servieren.

Ist Schmelzkäse ungesund?

Nein. Im Gegensatz zu früheren Empfehlungen wird durch die phosphatreichen Schmelzsalze die Calciumaufnahme nicht verschlechtert. Ein Zusammenhang zwischen Phosphaten und Hyperaktivität konnte in den letzten Jahren ebenfalls nicht bewiesen werden. Außerdem wird heute Schmelzkäse nicht mehr aus Resten und Überproduktionen hergestellt, sondern aus speziell dafür produziertem Käse. Kinder mögen Schmelzkäse oft gerne, er lässt sich gut lagern und verarbeiten und ist preiswert. Kaufen Sie Sorten mit niedrigem Fettanteil.

Möhren-Schnecken
(großes Bild)

Zutaten für 6 Schnecken

6 junge Möhren
100 g Broccoli-Röschen
100 g Kräuter-Frischkäse
12 Nelken

Zubereitungszeit: ca. 20 Min.
Pro Portion ca.: 49 kcal · 4 g E · 1 g F · 6 g K

KINDERLEICHT

1 Die Möhren waschen, schälen und der Länge nach an einer Seite leicht abflachen. Den Broccoli waschen, abtropfen lassen und mit dem Pürierstab sehr fein zermusen (evtl. etwas Wasser zugeben). Am Schluss den Frischkäse kurz mitpürieren.

2 Aus dieser Masse mit feuchten Händen sechs rundliche Schneckenhäuser formen und auf die Möhren drücken. Vorne bekommen die Schnecken noch Fühler aus Nelken.

Käse-Igel
(großes Bild)

Zutaten für 8 Igel

4 Mini-Babybels, 1 Möhre
ca. 1/2 Gurke, 8 Pumpernickeltaler
1 TL Tomatenmark
16 Sonnenblumenkerne

Zubereitungszeit: ca. 15 Min.
Pro Portion ca.: 89 kcal · 4 g E · 4 g F · 8 g K

KINDERLEICHT

1 Die kleinen Käse von der roten Wachshülle befreien, quer in zwei Hälften teilen. Die Möhre waschen und in kleine Stifte schneiden. Als Stachel in die Käsehälften stecken, einen kleinen vorderen Teil frei lassen.

2 Die Gurke waschen, schälen sodass grün-weiße Streifen entstehen, in acht Scheiben schneiden. Die Brottaler dünn mit Tomatenmark bestreichen, erst die Gurkenscheibe, dann den Käse-Igel darauf setzen. Für die Augen Sonnenblumenkerne mit der Spitze in den Käse bohren. Für die Münder kleine Dreiecke aus der Gurkenschale schneiden.

Gurkenmännchen
(kleines Bild)

Zutaten für 10 Gurkenmännchen

1 große Salatgurke
je 1 Bund Petersilie und Schnittlauch
150 g Frischkäse, 100 g Schafkäse
Pfeffer, 1 Bund Radieschen
3–4 schwarze Oliven

Zubereitungszeit: ca. 20 Min.
Pro Portion ca.: 53 kcal · 4 g E · 3 g F · 2 g K

KINDERLEICHT · AUCH FÜR VIELE

1 Die Gurke waschen, in etwa 2 cm lange Stücke teilen und jedes Stück mit einem Löffel etwas aushöhlen. Die Kräuter waschen, trockenschütteln. Von der Petersilie die Blättchen abzupfen. Einige Blätter beiseite legen. Kräuter fein hacken, mit Frisch- und Schafkäse pürieren (evtl 1 EL Milch zufügen), pfeffern.

2 Die cremige Masse auf die Gurken streichen. Die Köpfe extra mit den Händen formen und auf die Gurken setzen. Restliche Petersilienblättchen als Haarschopf auf die Köpfe setzen. Die Radieschen putzen, quer halbieren und als Hütchen auf die Männchen setzen. Aus den übrigen Radieschen lachende Münder schneiden, aus den Oliven Augen schnitzen. Damit Gesichter auf den Köpfen gestalten.

Varianten:

Blumenkohl-Paprika-Schiff

Käsecreme wie oben, statt der Gurke 1 rote und grüne Paprika, Kräuter weglassen, nach Geschmack mit 1 TL geriebenem Meerrettich abschmecken. Paprika achteln und mit der Masse füllen. Blätter vom Eisbergsalat auf Zahnstocher pieksen und als Mast und Segel auf den Paprikaschiffchen fest stecken. Aus restlichen Paprikastücken kleine Flaggen schneiden und an die Mastspitze stecken.

Tomaten-Käfer

Käsecreme wie oben, statt der Gurke und der Petersilie 15 kleine Tomaten, 1 TL Tomatenmark, zusätzlich 2–3 EL körniger Frischkäse.
Tomaten waschen. Der Länge nach einen Deckel flach abschneiden, diesen von der Schmalseite her halbieren. Die Tomaten aushöhlen. Käsecreme mit Tomatenmark und Tomatenfleisch verrühren. Die ausgehöhlten Tomaten damit füllen. Die Flügel leicht gespreizt aufsetzen. Mit Körnern von Frischkäse bepunkten. Schnittlauch als Fühler verwenden, als Augen je zwei kleine Nelken einsetzen.

tipp

Lustige Verzierungen der Speisen machen eine Mahlzeit für Kinder um Vieles interessanter. Ein Pfannkuchen oder eine Rohkostplatte schmecken gleich doppelt so gut, wenn einem ein lustiges Gesicht entgegenlacht!

Wie viel Rohkost für mein Kind?

Weiche Obst- und Gemüsesorten wie Beeren, Apfel, Birne, Tomaten oder Blattsalate sind roh auch für Kinder leicht zu verdauen. Frisch gepresste Säfte und fein pürierte Rohkost sind verträglicher als derbes Gemüse wie Weißkohl, rote Bete oder Rettich. Manche Lebensmittel enthalten roh schädliche Substanzen (z. B. Bohnen, Bohnen-Keimlinge), die die Aufnahme wertvoller Nährstoffe hemmen oder sogar unverträglich sind. Nichts gegen die Knabbermöhre oder -gurke zwischendurch – aber gut kauen! Und gegartes Gemüse regelmäßig in den Speiseplan einbauen.

Apfelburger
(im Bild oben)

Zutaten für 2 Burger
2 Äpfel
1 TL Zitronensaft
2 dünne Scheiben Schinken
2 dünne Scheiben Vollkornbrot
2 TL Erdnussmus (ersatzweise Frischkäse)
2 dünne Scheiben Emmentaler

Zubereitungszeit: ca. 10 Min.
Pro Portion ca.: 310 kcal · 16 g E · 24 g F · 25 g K

KINDERLEICHT · PREISWERT

1 Die Äpfel waschen, trockenreiben, quer halbieren und das Kerngehäuse entfernen. Die Schnittstellen mit dem Zitronensaft beträufeln. Die untere Apfelhälfte mit dem Schinken belegen.

2 Das Brot mit dem Erdnussmus bestreichen und mit dem Käse belegen, dann darauf den Schinken legen. Mit der zweiten Apfelhälfte bedecken.

Gefüllte Gurkentaler
(im Bild unten)

Zutaten für 20 Taler
1 Salatgurke (ca. 400 g)
1 Knoblauchzehe
125 g Quark (20 % Fett)
1 EL gehackte Dillspitzen
2 EL fein gehackte Walnüsse
Jodsalz, Pfeffer, Paprikapulver

Zubereitungszeit: ca. 20 Min.
Kühlzeit: 1 Std.
Pro Portion ca.: 15 kcal · 1 g E · 1 g F · 1 g K

FETTARM · AUCH FÜR VIELE

1 Die Gurke gut waschen, abtrocknen und in 5 cm lange Abschnitte teilen. Mit dem Apfelausstecher die Kerne aus den Gurkenstücken herausstechen. Knoblauch schälen und fein hacken.

2 Den Quark mit Knoblauch, dem Dill und den Nüssen verrühren. Mit Jodsalz, Pfeffer und Paprika abschmecken.

3 Die Gurkenstücke auf einen Teller setzen. Die Käse-Masse in die Löcher der Gurkenstücke drücken. Die Gurken mit Frischhaltefolie abdecken und für 1 Std. in den Kühlschrank stellen, damit die Käsemasse fester wird. Danach die Gurkenstücke in dicke Scheiben schneiden.

info

Rückstände in Gemüse und Obst

• Nitrat findet sich vor allem in Gemüse und dient den Pflanzen als Nährstoffquelle. Der Nitratgehalt ist abhängig von Sorte, Standort und Düngung der Gemüsepflanze. Nitratreiche Gemüse z. B. sind Spinat, Kopfsalat, Rettich, Radieschen, Kohl, rote Bete und Rhabarber. Freiland- bzw. Saisongemüse ist nitratärmer als Treibhausgemüse. Grund: durch die Sonneneinstrahlung wandeln die Pflanzen das Nitrat in mehr Pflanzeneiweiß um als die Gewächse im Treibhaus. Nitrat an sich ist unbedenklich. Jedoch können Wärme und Bakterien Nitrat zu dem gesundheitsschädlichen Nitrit umwandeln. Das passiert, wenn Gemüse zu lange und zu warm gelagert wird. Vermeiden Sie das Aufwärmen oder gar Warmhalten von nitratreichem Gemüse. Für Babys ist Nitrit giftig, aber auch Kleinkinder können Nitrat und Nitrit schlechter entgiften als Erwachsene. Durch starke Hitze kann außerdem Nitrat mit Eiweißbestandteilen in Lebensmitteln, zu Nitrosaminen reagieren, diese sind krebserregend.

• Rückstände von Pflanzenschutzmitteln in Obst und Gemüse sind laut aktuellem Ernährungsbericht sehr gering und liegen deutlich unter den zulässigen Höchstmengen. Bei ausländischen Erzeugnissen sind teilweise höhere Gehalte an Rückständen in Obst und Gemüse gemessen worden. Wenn Sie sicher gehen wollen, bevorzugen Sie einheimisches Gemüse, vor allem aus biologischem Anbau. Richten Sie sich nach dem saisonalen Angebot.

• Die Belastung von Obst und Gemüse durch Schwermetalle, Blei, Cadmium und Quecksilber hat sich in den letzten Jahren nicht erhöht, sondern ist eher rückläufig. Die meisten Rückstände lagern sich auf der Oberfläche von Obst und Gemüse ab. Waschen Sie daher Obst und Gemüse vor dem Essen gründlich. Bei glatter Oberfläche ist festes Abreiben mit einem Tuch besonders wirkungsvoll.

• Damit Zitrusfrüchte lagerfähig sind, werden sie mit Konservierungsstoffen wie Biphenyl und Thiabendazol und Wachsen behandelt, die angegeben sein müssen. Waschen mit heißem Wasser vor dem Schälen reduziert die Belastung. Noch besser: unbehandelte Früchte kaufen.

Lieblingsgerichte

Putenröllchen

(großes Bild)

Zutaten für 4 Personen

400 g Putenschnitzel
1 Bund Petersilie
75 g Sonnenblumenkerne
4 EL Ajvar (ersatzweise Tomatenmark)
Jodsalz, Pfeffer
2 TL Senf
2 EL Sonnenblumenöl
300 ml Tomatensaft

Zubereitungszeit: ca. 40 Min.
Pro Portion ca.: 252 kcal · 31 g E · 12 g F · 6 g K

OHNE MILCH UND EI · GEHALTVOLL

1 Putenschnitzel unter kaltem Wasser abspülen und mit einem Fleischklopfer flach klopfen. In acht schmale, lange Stücke teilen.

2 Petersilie waschen, trockenschütteln, fein schneiden und mit den Sonnenblumenkernen, Ajvar, Salz, Pfeffer und Senf verrühren.

3 Die Fleischstücke damit dick bestreichen und zusammenrollen. Mit kleinen Spießchen fest stecken.

4 Öl in einer tiefen Pfanne erhitzen. Die Röllchen darin von allen Seiten etwa 5 Min. kräftig anbraten. Tomatensaft zugeben, würzen, zum Kochen bringen. Deckel auflegen und das Fleisch ca. 12 Min. schmoren lassen.

Vegetarische Variante:
Schneiden Sie einen großen Zucchino in Längsscheiben, belegen diese Scheiben mit zurechtgeschnittenen Scheibe Käse (Gouda/Butterkäse/Edamer) und der Ajvarcreme, rollen sie zusammen und braten sie wie die Putenröllchen.

Mohrrübensuppe mit Käseflädle

(kleines Bild)

Zutaten für 4 Personen

1 Zwiebel
1 Knoblauchzehe
1 Stück Staudensellerie
700 g Möhren
30 g Butter
50 g Mehl
$^1/_2$ l Gemüsebrühe
$^1/_2$ l Milch
2 Eier
100 g geriebener mittelalter Gouda
1 Bund Petersilie
100 g süße Sahne

Zubereitungszeit: ca. 45 Min.
Pro Portion ca.: 398 kcal · 17 g E · 24 g F · 26 g K

RAFFINIERT · PREISWERT

1 Zwiebel und Knoblauchzehe abziehen, in Würfel schneiden. Die Sellerie ebenfalls schälen und in kleine Stücke schneiden. Die Möhren waschen, schälen und in etwa 2 cm große Stücke teilen, 1 Möhre für die Dekoration beiseite legen.

2 Die Hälfte Butter im Topf erhitzen, die Zwiebel- und Knoblauchwürfel darin glasig dünsten. Dann die Sellerie- und Möhrenstückchen zugeben und mit einem Eßlöffel Mehl überstäuben. Das Gemüse kurz weiterdünsten, dann Brühe und 0,4 l Milch angießen. Etwa 20 Min. zugedeckt köcheln lassen, bis das Gemüse gar ist.

3 Inzwischen die Eier mit dem Rest Mehl und Milch verrühren. Den Reibekäse unterziehen. Die Petersilie unter fließendem kaltem Wasser abbrausen, die Stiele abzupfen und die Blättchen fein hacken. Ebenfalls in den Käseteig rühren.

4 In einer Pfanne das übrige Fett zerlassen und einen dicken Käse-Eierkuchen von beiden Seiten goldbraun backen. Den Eierkuchen in Rauten schneiden, die Möhre längs in schmale Scheiben schneiden, dann quer ebenfalls in kleine Rauten.

5 Die Suppe mit einem Pürierstab sehr fein pürieren, evtl. etwas Wasser zugeben und aufkochen lassen, abschmecken. Die Sahne steif schlagen und unterziehen und nochmals abschmecken. Käse- und Möhrenrauten einlegen und servieren.

info

Fleisch – in Maßen genießen
Fleisch ist wegen seines hohen Eisen- und Zinkgehalts ein wichtiges Nahrungsmittel. Es liefert darüber hinaus fast alle B-Vitamine, vor allem Vitamin B_{12} und Niacin, die beide wie das Eisen zur Blutbildung wichtig sind. Auch hochwertiges Eiweiß gehört zu den Pluspunkten. Negativ wirkt sich der oft hohe Fett- und Cholesteringehalt aus. Moderne Züchtungen führten zwar zu mageren Rassen, verschlechterten aber auch die Qualität des Fleisches. Am besten Sie sorgen für Abwechslung: Rind, Schwein, Geflügel, Kaninchen oder Lamm haben jeweils andere Vorzüge.

Bevorzugen Sie Fleisch mit Herkunftsnachweis oder vom Biobauern.
Haben Sie keine Angst vor Fett im Fleisch: Es sorgt für Saftigkeit und gehört zum Produkt – schneiden Sie den Fettrand lieber erst nach dem Garen ab. Braten Sie nicht zu scharf: dunkle Krusten enthalten nämlich krebserregende Stoffe.

Ideal sind zwei bis drei kleine Fleischmahlzeiten pro Woche, kombiniert mit regelmäßigem Verzehr von Vollkorn und eisenreichem Gemüse. Ein Glas Vitamin-C-haltiger Saft zur Mahlzeit verbessert übrigens die Eisenaufnahme in den Körper.

Innereien sind wegen der hohen Belastung aber lieber zu meiden: als Entgiftungsorgane filtern sie Schadstoffe aus dem Körper der Tiere und reichern sie in den Innereien an.

Brauchen Kinder Fleisch?

Lebenswichtiges Eiweiß wird durch Milch und Milchprodukte, Ei, Nüsse und Getreide ausreichend geliefert. Fast unentbehrlich dagegen ist Fleisch für die Eisenversorgung. Aber nur, wenn auch Vollkorn und Gemüse regelmäßig gegessen werden, ist ein Eisenmangel tatsächlich zu vermeiden. Eisen ist zwar in allen Samen, in erster Linie in Kürbiskernen und Sesamsamen, Vollkorn, vor allem Hirse und Hafer, Blattgemüse wie Spinat, Kräuter, Wildsalaten und Fenchel enthalten, doch wird pflanzlich gebundenes Eisen nicht so gut verwertet wie tierisches.

Geschnetzeltes

(großes Bild)

Zutaten für 4 Personen

400 g Fleisch für Geschnetzeltes (z.B. vom Kalb oder Pute)
Jodsalz, Pfeffer, mildes Paprikapulver
2 EL Mehl
1 Zwiebel
1 Bund Suppengrün
1 EL Butter oder Öl
Jodsalz, Pfeffer,
1 Msp. Paprikapulver
$^1/_4$ l Brühe oder Wasser
100 g Schmand

Zubereitungszeit: ca. 45 Min.
Pro Portion ca.: 218 kcal · 25 g E · 10 g F · 6 g K

AUCH FÜR VIELE

1 Geschnetzeltes Fleisch in einer Schüssel mit Jodsalz, Pfeffer, Paprikapulver und Mehl vermengen, bis jedes Fleischstück von der Mischung umhüllt ist und nicht mehr zusammenklebt.

2 Zwiebel schälen und fein würfeln. Das Suppengemüse waschen. Sellerie und Möhre fein raspeln. Lauch halbieren und dann in dünne Ringe schneiden.

3 Butter oder Öl in der Pfanne erhitzen, das Fleisch darin kräftig anbraten. Beginnt das Fleisch zu bräunen, das Gemüse zugeben und etwa 8 Min. mitbraten, bis der Mix beginnt anzusetzen.

4 Mit der Brühe oder Wasser ablöschen und noch etwa 5 Min. köcheln lassen. Schmand zugeben, erneut aufkochen und abschmecken. Dazu passen alle Beilagen wie Nudeln, Kartoffeln oder Reis.

Tomatenschnitzel

(kleines Bild)

Zutaten für 4 Personen

2 rote Paprikaschoten
4 Schweineschnitzel (etwa 600 g)
Jodsalz, Pfeffer
$^1/_2$ TL mildes Paprikapulver
2 EL Mehl
3 EL Öl
100 ml Gemüsebrühe
300 g passierte Tomaten (aus dem Tetrapack, der Rest lässt sich prima einfrieren)
3 EL süße Sahne

Zubereitungszeit: ca. 45 Min.
Pro Portion ca.: 281 kcal · 36 g E · 11 g F · 8 g K

FETTARM · RAFFINIERT

1 Paprikaschoten waschen, Stielansatz, Kerne und weiße Innenwände entfernen, Schoten in schmale Streifen und dann in Würfel schneiden.

2 Schnitzel mit Jodsalz, Pfeffer und Paprikapulver von beiden Seiten einreiben, in Mehl wenden. Öl in die Pfanne geben, Schnitzel von beiden Seiten kräftig anbraten, dann die Paprikawürfel zugeben und kurz weiterbraten.

3 Mit Gemüsebrühe ablöschen, so den Bratensatz loskochen und anschließend passierte Tomaten beigeben. Noch 10 Min. schmoren lassen. Die Sauce mit Sahne und Jodsalz abschmecken. Schmeckt prima zu Nudeln.

Hinweis:
Tomatensauce schmeckt eingekocht besonders gut. Am besten, Sie decken die Pfanne mit einem Spritzschutz ab (flaches Sieb): dann kann die Flüssigkeit verdampfen, ohne die Küche mit einem tomatenroten Sprühregen zu überziehen.

info

Bioaktivstoffe in Obst und Gemüse
Zu den Bioaktivstoffen gehören neben den Vitaminen (s. S. 112) und Ballaststoffen (s. S. 6) auch die sekundären Pflanzenstoffe. Diese bildet die Pflanze in ihrem Stoffwechsel und schützt sich so vor schädlichen Einflüssen. Auch beim Menschen entfalten sie ihre wohltuende Wirkung: Sie stärken das Immunsystem, schützen die Zellen vor schädlichen Umwelteinflüssen, sind krebshemmend und regulieren den Stoffwechsel. Sekundäre Pflanzenstoffe sind teilweise empfindlich gegenüber Hitze und längerer Lagerung. Zur Zeit wird intensiv über die weitere Wirkung der Bioaktivstoffe geforscht. Es wird empfohlen, 5-mal täglich Obst und Gemüse zu essen, weil das am besten vor Zivilisationskrankheiten zu schützen scheint.

Zu den bekanntesten sekundären Pflanzenstoffe gehören:
Carotinoide (gelb-rote Farbstoffe): kommen in gelbem Obst und Gemüse wie Möhren, Aprikosen, Kürbis und in grünem Gemüse wie Grünkohl, Spinat und Salat vor. Sie wirken antioxidativ, schützen die Zellen, stärken die Abwehrkräfte und hemmen die Tumorentstehung.

Flavonoide (gelb-violette Farbstoffe): Kirschen, rote bis blaue Beeren, Pflaumen, Auberginen, Rotkohl und Tee (schwarz & grün) enthalten Flavonoide. Sie hemmen Blutgerinnung und Entzündungen und unterstützen die Wirkung von Vitamin C.

Glucosinolate: sind typische Geschmacks- und Geruchsstoffe, die in allen Kohlarten, Steckrüben, Rettich, Radieschen, Kresse und Senf vorkommen. Sie wirken besonders krebshemmend und antimikrobiell.

Sulfide: wirken ebenfalls antimikrobiell und finden sich in Knoblauch, Zwiebeln, Lauch, Schnittlauch, erkennbar am typischen Geruch.

Proteaseninhibitoren: schützen das Pflanzeneiweiß in Hülsenfrüchten, Kartoffeln, Weizen, Reis, Mais, Hafer. Sie schützen Zellen vor freien Radikalen, senken den Blutzuckerspiegel, wirken entzündungshemmend und blutdruckregulierend.

Können Säfte Obst und Gemüse ersetzen?
Das hängt von der Qualität ab: Frisch gepresste Säfte enthalten fast alle wertvollen Inhaltsstoffe in einer besonders gut verfügbaren Form. Wer also einen echten Gemüse- und Obstmuffel zu Hause hat, sollte sich einen Entsafter zulegen. Handelsübliche reine Fruchtsäfte aus frischen Früchten sind eine Alternative, wenn sie keine Zusatzstoffe enthalten. Säfte aus Konzentrat, Fruchtsaftgetränke und Nektar sind weniger wertvoll und kein Ersatz. Ballaststoffe allerdings fehlen jedem Saft. Nur flüssig sollte sich Ihr Kind also nicht ernähren.

Gefülltes Huhn
(großes Bild)

Zutaten für 4 Personen

1 Bund Frühlingszwiebeln
1 EL Butter oder Margarine
$^1/_2$ l Gemüsebrühe
200 g Maisgrieß (Instant)
$^1/_8$ l Milch
1 Dose Maiskörner (325 g)
Pfeffer, Jodsalz
1 Poularde (etwa 1200 g)
1 TL mildes Paprikapulver
2 EL Apfelsaft
1 EL süße Sahne
1 TL Stärkemehl oder Saucenbinder

Zubereitungszeit: ca. 1 $^1/_2$ Std.
Pro Portion ca.: 726 kcal · 55 g E · 29 g F · 61 g K

PREISWERT · GUT VORZUBEREITEN

1 Zwiebeln waschen, putzen und in feine Ringe schneiden. Butter in einem Topf zerlassen, Zwiebel darin andünsten. Mit Gemüsebrühe ablöschen und zum Kochen bringen. Maisgrieß unter ständigem Rühren in die Brühe rieseln lassen, Milch, Mais samt Sud zufügen und die Polenta etwa 8 Min. leicht kochen. Polenta mit Pfeffer und Jodsalz abschmecken. Die Hälfte davon in eine kleine, gefettete Auflaufform füllen.

2 Backofen auf 200° vorheizen. Poularde innen und außen mit Jodsalz und Paprikapulver einreiben, mit restlicher Polenta füllen und Öffnung mit Spießchen verschließen.

3 Poularde mit der Brust nach unten in eine große, flache Auflaufform setzen, in den Backofen schieben und 1 Tasse Wasser in die Form gießen. Nach 30 Min. Backzeit Poularde wenden und die Hitze auf 180° zurückschalten. Die letzten 30 Min. den Polenta-Auflauf neben den Braten schieben.

4 Fertiges Huhn auf eine Platte legen und im abgeschalteten Backofen warm halten. Bratenfond auf dem Herd mit etwas Wasser loskochen, dann in eine Pfanne gießen. Fond mit der Sahne vermischen. Stärke mit 2–3 EL Wasser anrühren und unter Rühren in die kochende Sauce gießen, anschließend abschmecken. Zum Brathähnchen und zur Polenta reichen.

Hinweis:
Wenn jeder eine Keule haben möchte, wählen Sie einen etwas kleineren Vogel und kaufen zwei Extra-Keulen. Die braten Sie dann die letzten 30 Min. neben dem Hähnchen mit.

Saucenbraten
(kleines Bild)

Zutaten für 2 x 4 Personen

1 kg magerer Schweinerollbraten
1 TL Paprikapulver edelsüß
1 Staude Bleichsellerie
300 g Möhren
1 Lauchstange
1 Fenchelknolle (oder 1 Kohlrabi)
$^3/_4$ l Milch
2 TL Jodsalz
3 EL Tomatenmark
3 EL Öl
evtl. Saucenbinder

Marinierzeit: ca. 8 Std.
Zubereitungs- und Garzeit: ca. 2 Std.
Pro Portion ca.: 242 kcal · 32 g E · 9 g F · 8 g K

RAFFINIERT · GEHALTVOLL

1 Das Fleisch rundherum mit dem Paprikapulver einreiben. Die Selleriestangen vom Strunk abschneiden, unter fließendem Wasser waschen, harte Fäden abziehen und in dünne Scheiben schneiden. Die Möhren waschen und schälen, in kleine Würfel schneiden. Die Lauchstange von Wurzel und Blattenden befreien, halbieren und gründlich waschen. Quer in kleine Stücke schneiden. Die Fenchelknolle waschen, Strunk entfernen und die Knolle erst in Scheiben, dann in 1 cm große Würfel schneiden.

2 Das Gemüse mischen und mit dem Fleisch in eine passende Schüssel füllen. Die Milch mit dem Jodsalz und dem Tomatenmark verquirlen, über den Braten gießen. Über Nacht dann Fleisch und Gemüse im Kühlschrank ziehen lassen, dabei ein Mal wenden.

3 Fleisch aus der Marinade nehmen. In einem geeigneten Schmortopf Öl erhitzen, Bratenstück darin rundherum schön braun anbraten. Mit der Milch-Gemüse-Mischung ablöschen und den Braten 1 $^1/_2$ Std. bei mittlerer Hitze schmoren lassen.

4 Fleisch aus dem Topf heben, warm stellen. Gemüse mit dem Pürierstab fein pürieren und mit Jodsalz, Pfeffer und Paprika abschmecken. Sauce nochmals kurz aufkochen und nach Bedarf mit etwas Saucenbinder andicken. Das Fleisch dünn aufschneiden und mit der Sauce zu Tisch geben. Dazu schmecken Nudeln oder Kartoffeln besonders gut.

Brauchen wir Jod- oder Fluorsalz?

Ganz Deutschland ist Jodmangelgebiet. Das führt im schlimmsten Fall zu Kropf, sonst zu einer weniger guten geistigen Entwicklung – vor allem, wenn Schwangere schlecht mit Jod versorgt sind. Im Jodsalz liegt das Jod in einer Form vor, die weder Allergien noch Neurodermitis auslösen kann. Deshalb sollte nicht nur Jodsalz verwendet werden, sondern auch mit Jodsalz zubereitetes Brot, Käse und Wurst. Fluor ist in unserer Ernährung ebenfalls zu knapp: Ein Zusatz im Salz stärkt die Zähne und ist neben der Zahnpasta die einzig ergiebige Fluorquelle.

Filettopf mit Rahm

(im Bild unten)

Zutaten für 4 Personen

1 Schweinefilet (ca. 500 g)
500 g kleine Champignons
1 Bund Rucola (oder krause Petersilie)
1 EL Olivenöl oder Butter
Jodsalz, Pfeffer
125 g Crème fraîche
Worcestersauce
1–2 EL Zitronensaft

Zubereitungszeit: ca. 40 Min.
Pro Portion ca.: 210 kcal · 30 g E · 8 g F · 1 g K

SCHNELL · GEHALTVOLL

1 Filet unter fließendem Wasser abspülen. Mit Küchenpapier abtupfen. In ca. 3 cm breite Stücke schneiden.

2 Champignons putzen und mit einem Tuch abreiben. Je nach Größe halbieren oder vierteln. Rucola waschen, trockenschütteln und quer in feine Streifen schneiden.

3 Das Fett in einer tiefen Pfanne erhitzen. Fleischstücke von jeder Seite ca. 2 Min. anbraten, salzen und pfeffern. Champignons zugeben und mitbraten, nachwürzen.

4 Den Deckel auflegen und alles ca. 10 Min. bei milder bis mittlerer Hitze schmoren lassen – die Pilze lassen genug Wasser. Dann Rucola zugeben und kurz zusammenfallen lassen.

5 Crème fraîche zufügen. Mit Worcestersauce und Zitronensaft abschmecken. Ist die Sauce zu dick, noch etwas Wasser zufügen.
Dazu passen breite Bandnudeln.

Variante:
Preiswerter wird das Gericht mit Puten- oder Hähnchenbrustfilet. Die Garzeit verkürzt sich dann noch um etwa 4 Min.

Gulasch

(im Bild oben)

Zutaten für 4 Personen

500 g Zwiebeln
600 g Rindergulasch
1 EL Öl oder Butter
Jodsalz, schwarzer Pfeffer
2–3 EL Paprikapulver edelsüß
$^1/_2$ l Wasser
1 Prise Rosenpaprika
100 g Schmand

Zubereitungszeit: ca. 2 $^1/_2$ Std.
Pro Portion ca.: 292 kcal · 34 g E · 14 g F · 6 g K

GUT VORZUBEREITEN · AUCH FÜR VIELE

1 Zwiebeln schälen und in Scheiben schneiden (geht in der Küchenmaschine mit Schneidewerk besonders schnell und tränenlos). Fleisch in 3 cm große Würfel teilen. Fett und Flachsen nach Wunsch großzügig entfernen (diese Teile werden allerdings durchs Schmoren mürbe und machen das Fleisch saftig).

2 Zwiebeln im heißen Fett in einem tiefen Topf anbraten, Gewürze zugeben, dann das Fleisch darin kräftig anbraten. $^1/_4$ l Wasser angießen, Deckel auflegen und das Gulasch bei mittlerer Hitze etwa 1 Std. schmoren, bis alle Flüssigkeit aus dem Topf ist und die Zwiebeln sozusagen karamelisieren: Jetzt bekommt das Gulasch Aroma und Farbe: Dazu bei offenem Topf Fleisch unter Rühren weiterbraten. Ist die Zwiebel-Masse zermust, mit restlichem Wasser aufgießen und mit geschlossenem Deckel bei mittlerer Hitze noch gut 1 Std. weiterschmoren und abschmecken.

3 Schmand und nach Bedarf noch etwas Wasser zugeben, die Sauce sollte schön sämig sein. Mit Nudeln, Kartoffelklößen oder Reis und Salat servieren.

info

Achtung: Salmonellen
Salmonellen sind Bakterien, die überall vorkommen. Erst in großen Mengen führen sie zu schweren Durchfällen, Erbrechen und Fieber. Gefährlich sind sie vor allem für Babys, Kleinkinder und ältere Menschen. Salmonellen befinden sich vor allem in Eiern, Geflügel, Hackfleisch, Meeresfrüchten und Salaten. Die beste Vorbeugung gegen Salmonellen ist Hygiene in der Küche:

- Lebensmittel nach dem Einkauf sofort in den Kühlschrank legen, unter 8° vermehren sich Salmonellen nicht, leben aber weiter.
- Nur frische Eier verwenden. Eier im Kühlschrank lagern. Ei nur gegart verwenden, also keine Mayonnaise, Creme oder Eis mit rohem Ei zubereiten. Eier zumindest kernweich kochen.
- TK-Fleisch und -Geflügel entweder langsam im Kühlschrank oder schnell in der Mikrowelle auftauen lassen, nicht jedoch bei Zimmertemperatur: bei 20° vermehren sich die Bakterien stark.
- Auftauflüssigkeit unbedingt gesondert auffangen und wegschütten. Arbeitsflächen und -geräte gründlich reinigen.
- Temperaturen ab 70° töten Salmonellen ab: bei 70° dauert das 10 Minuten, bei Kochtemperatur geht es sofort. Gerichte daher immer durchgaren, auch beim Aufwärmen einmal kräftig aufkochen lassen.
- Gerichte nie warm halten oder in der Sonne stehen lassen: bei Temperaturen über 30° explodiert die Salmonellenzahl.
- Nach dem Kochen Gerichte sofort kalt stellen.
- Hände vor und nach jedem Arbeitsgang gründlich waschen.

Spaghettini Bolognese

(großes Bild)

Zutaten für 4 Personen

1 Zwiebel, 1 Möhre
2 Stangen Bleichsellerie
1 EL Olivenöl
350 g gemischtes Hackfleisch
Jodsalz, Pfeffer, Paprikapulver
1 große Dose Tomaten
1 Lorbeerblatt oder 1 Zweig Thymian
3 EL Tomatenmark
400 g Spaghettini oder Tagliatelle
50 g frisch geriebener Parmesan
nach Bedarf 1 Schuss Sahne

Zubereitungszeit: ca. 40 Min.
Pro Portion ca.: 695 kcal · 37 g E · 25 g F · 80 g K

GUT VORZUBEREITEN

1 Zwiebel und Möhre schälen und sehr fein würfeln. Bleichsellerie waschen, harte Fäden entfernen und ebenfalls fein würfeln. In heißem Olivenöl zuerst die Möhre, die Zwiebel, dann den Sellerie anbraten. Hackfleisch zugeben und bei großer Hitze kräftig weiterbraten. Mit Jodsalz, Pfeffer und Paprika würzen. Beim Braten mit dem Löffel drücken und rühren, damit das Fleisch schön krümelig wird und nicht klumpig zusammenpappt.

2 Tomaten in der Dose grob zerteilen. Zusammen mit dem Saft und dem Tomatenmark zum Fleisch geben. Lorbeer zugeben. Bei leicht geöffnetem Deckel ca. 20 Min. lang schmoren lassen. Evtl. etwas Flüssigkeit zugeben und nachwürzen, Lorbeerblatt entfernen.

3 Inzwischen in einem großen Topf ausreichend Salzwasser aufkochen. Spaghettini zugeben und nach Packungsanleitung al dente garen. Mit Sauce und Parmesan servieren.

Konfettiburger

(kleines Bild)

Zutaten für 4 Personen

1 altbackenes Brötchen
1 Zwiebel
je 1 rote und gelbe Paprika
1 Bund Schnittlauch
300 g gemischtes Hackfleisch
1 Ei, 100 g Magerquark
Jodsalz, Pfeffer
2 EL zarte Haferflocken
40 g Sesamsamen
1–2 EL Öl
2 EL Senf, 2 EL Crème fraîche
4 Brötchen (z. B. Hamburger Brötchen oder Vollkorntoastis) nach Geschmack
Salatblätter, 2 Tomaten

Zubereitungszeit: ca. 35 Min.
Pro Portion ca.: 539 kcal · 29 g E · 29 g F · 40 g K

KINDERLEICHT · AUCH FÜR VIELE

1 Das Brötchen in warmem Wasser einweichen. Zwiebel schälen und fein hacken. Die Paprika waschen, in Streifen schneiden, dabei Stielansatz und Kerne entfernen, Streifen würfeln oder mit den Apfelausstecher »Konfettis« ausstechen. Schnittlauch waschen und in Röllchen schneiden.

2 Das Brötchen gut ausdrücken, mit Hackfleisch, Ei, Quark, Jodsalz und Pfeffer gut verkneten, die Haferflocken zugeben, sodass ein formbarer Fleischteig entsteht. Dann den Schnittlauch und 4–5 EL Paprikastückchen unterkneten.

3 Aus dem Fleischteig mit nassen Händen 4 runde, flache Küchlein formen, in Sesam wälzen. Ein Backblech mit Fett einpinseln, den Backofengrill anheizen und die Küchlein von beiden Seiten in jeweils etwa 5–6 Min. brutzelbraun grillen, herausnehmen.

4 Die Brötchen aufbacken und halbieren. Crème fraîche, Senf und 2–3 EL Paprikastückchen verrühren, auf die Hälften verteilen. Auf die untere Hälfte ein Salatblatt und Tomatenscheiben legen. Das Fleischküchlein darauf setzen und die Oberseite darüberklappen. Mit Konfetti bestreuen.

Hinweis:
Die restlichen Paprikastückchen mit Tsatsiki (Rezept Seite 40 oder fertig aus dem Kühlregal) zu einem würzigen Salat mischen, zum Hamburger reichen. Wer Cheeseburger vorzieht, kann noch 1 Scheibe Käse auf dem fertigen Fleischküchlein schmelzen lassen. Wer keinen Senf mag, nimmt natürlich Ketchup!

info

Vom richtigen Umgang mit Hackfleisch

Kinder mögen Hackfleisch, weil es leicht zu kauen ist. Mütter lieben es, weil es preiswert und gut zu strecken ist. Leider wird für Hackfleisch oft mindere Qualität durch den Fleischwolf gedreht. Den Fettgehalt sieht man ihm an: je heller, desto fetter. Nach der »Hackfleischverordnung« darf das Fleisch nur am Tag des Zerkleinerns verkauft werden. Grund: auf der Oberfläche können sich Keime explosionsartig vermehren – deshalb sollte Hackfleisch auch im Haushalt sofort gekühlt und noch am Kauftag verarbeitet werden. Haben Sie keine Zeit zum Kochen, sollten Sie das Hackfleisch zumindest durchbraten und am nächsten Tag weiterverarbeiten.

Sie können Hackfleisch auch einfrieren: machen Sie dazu flache Päckchen – die sind später gleich aufgetaut.

Hackfleisch für Frikadellen oder Braten lässt sich so verlängern: 1 Ei und 1 eingeweichtes Brötchen machen 300–500 g Fleisch saftig und locker. Auch Haferflocken, Semmelbrösel, gekochter Reis, gehackte Nudelreste oder zerdrückte Kartoffeln tun dem Hackbraten gut. Geriebener Käse, Feta oder 1–2 gehackte Sardellenfilets machen ihn würzig und gehaltvoll. Gehackte Zwiebeln gehören ohnehin hinein!

Ist Fast Food schädlich?

Die meisten Imbissgerichte sind reich an Fett und Eiweiß, aber arm an wertvollen Inhaltsstoffen. Wenn sie ab und zu gegessen werden, spielt das keine Rolle. Doch wenn Fast Food zum Grundnahrungsmittel wird, kommt es zu einer Verarmung der Ernährung (und der Eltern, denn Imbiss ist teurer als Selbstgekochtes). Deshalb eher fettarme Snacks wie Pizza, Chinapfanne oder Nudeltöpfe bevorzugen. Und zur Ergänzung einen Salat, Milchprodukte und einen Fruchtsaft reichen. Zu Hause einen »Fast-Food-Tag« bestimmen, an dem ganz leger gesnackt wird – aber was Gutes!

Kartoffelpuffer

(großes Bild)

Zutaten für 4 Personen

600 g Kartoffeln, 300 g Möhren
1 große Zwiebel
2–3 EL zarte Haferflocken
1 Ei, Jodsalz
Fett zum Ausbacken
150 g Feta, 100 g Joghurt (1,5% Fett)
Pfeffer
1–2 EL getrocknete Dillspitzen
1 Bund Radieschen, 1 Tomate

Zubereitungszeit: ca. 30 Min.
Pro Portion ca.: 344 kcal · 12 g E · 20 g F · 28 g K

VEGETARISCH · PREISWERT

1 Kartoffeln und Möhren waschen und schälen, Zwiebel abziehen. Das Gemüse in der Küchenmaschine fein raspeln. Oder Kartoffeln und Möhren per Hand reiben, Zwiebel würfelig schneiden. Sofort mit Haferflocken, Ei und Jodsalz verrühren.

2 Fett in einer beschichteten Pfanne erhitzen. Mit einem Eßlöffel kleine Puffer hineingeben, flach drücken und von jeder Seite goldbraun braten. Herausnehmen und auf einem Küchenpapier abtropfen lassen. So fortfahren, bis der Gemüsebrei verbraucht ist.

3 Für den Dipp Feta und Joghurt cremig rühren. Mit Jodsalz, Pfeffer und Dill würzen. Radieschen waschen, putzen, in Scheibchen schneiden. Daraus und aus Tomatenschnitzen Gesichter machen!

Variante:
Auch Zucchini, Weißkohl, Broccoli oder Kürbisraspel lassen sich unter die Kartoffeln ziehen. Wer es eilig hat, nimmt Instant-Kartoffelpufferpulver und rührt das frisch geraspelte Gemüse einfach unter.

Schaschlik mit Tsatsiki

(kleines Bild)

Zutaten für 4 Personen

300 g Schnitzelfleisch
1 EL Tomatenmark, 1 EL milder Senf
2 EL Soja-Sauce
2 EL Öl, $^1/_2$ TL Jodsalz
250 g kleine Champignons
250 g Kirschtomaten
1–2 Zucchini, 1 gelbe Paprikaschote
Für das Tsatsiki:
1 kleine Salatgurke
1 Knoblauchzehe
1 Bund Dill, 150 g Joghurt (3,5% Fett)
1–2 EL Olivenöl
$^1/_2$ TL Kräutersalz, Pfeffer

Zubereitungszeit: ca. 30 Min.
Pro Portion ca.: 209 kcal · 21 g E · 10 g F · 8 g K

KINDERLEICHT · SCHNELL

1 Das Fleisch in Stücke von etwa 3 cm Kantenlänge schneiden. Tomatenmark, den Senf, die Soja-Sauce, das Öl und das Jodsalz vermischen, die Fleischstücke in dieser Marinade einlegen.

2 Das Gemüse waschen und gut abtropfen lassen. Die Pilzstiele sauber abschneiden. Von den Zucchini die Enden abschneiden, die Zucchini in 1 cm breite Stücke teilen. Die Paprika halbieren, Stielansatz, Kerne und Zwischenwände entfernen und die Schote in Quadrate von 3 cm Kantenlänge schneiden.

3 Nun Fleisch und Gemüse in buntem Wechsel auf Schaschlikspieße stecken. Die restliche Marinade mit einem Pinsel auf dem Gemüse verteilen. Den Grill vorheizen und die Spieße auf ein Backblech legen. Insgesamt 10 Min. grillen, nach der halben Zeit die Spieße umdrehen.

4 In der Zwischenzeit die Gurke waschen und auf einer Reibe grob raspeln. Die Knoblauchzehe abziehen und fein hacken. Den Dill waschen, die Spitzen abzupfen und ebenfalls hacken. Die Gurkenraspel mit dem Knoblauch, dem Dill, dem Joghurt und dem Öl vermischen, mit Kräutersalz und Pfeffer würzen. Zu den Spießen reichen.
Dazu passen Kartoffelpüree, Pellkartoffeln oder Vollkornbrot.

info

Eiweiß in der Kinderernährung
Eiweiß ist neben Fett und Kohlenhydraten der dritte Grundbaustein unserer Nahrung. Es besteht aus Aminosäuren – neun davon sind lebensnotwendig und müssen mit der Nahrung zugeführt werden (essenzielle Aminosäuren). Sie sind Grundbausteine unserer Zellen.

Die DGE (Deutsche Gesellschaft für Ernährung) empfiehlt für 1–3-Jährige 13–14 g pro Tag, bis 6-Jährige 17–18 g, bis 10-Jährige 24 g, bis 13 Jahre 34–35 g. Tatsächlich sind deutsche Kinder mit Eiweiß eher überversorgt. Am besten ist ein Mix aus tierischem Eiweiß, enthalten in Fleisch, Ei, Milchprodukten und aus pflanzlichem Eiweiß, enthalten in Getreide, Hülsenfrüchten, Nüssen, Kernen und Pilzen. Die höchste Verwertbarkeit (»biologische Wertigkeit«) erzielen Sie, wenn Sie zwei verschiedene eiweißhaltige Lebensmittel kombinieren, z. B. Kartoffeln und Ei.

tipp

Räuchertofu statt Geschnetzeltem oder Tofuwürstchen sind vegetarische Alternativen zum Fleisch. Sie müssen nur kurz erhitzt werden, weil sie eigentlich schon »gar« sind. Einen vollen Ersatz liefert Tofu nicht: Er enthält Eiweiß, aber kaum Eisen.

Gibt es ein BSE-Risiko?
Bisher ist BSE bei Geflügel und Schwein noch nicht vorgekommen. Bei Rind, Kalb, aber auch Schaf und Ziege sind vor allem Hirn, Rückenmark, Bries und Leber infektiös. In Deutschland existiert ein lückenloses Kennzeichnungssystem, in USA, Südamerika und Neuseeland trat BSE bisher nicht auf. Wer daher Bio- oder Qualitätsfleisch mit Herkunftsnachweis kauft, ist auf der sicheren Seite. Auf Innereien sollten Kinder sowieso lieber verzichten.

Käse-Spinat-Spätzle

(großes Bild)

Zutaten für 4 Personen

250 g Rahmspinat (TK)
400 g Mehl (z.B. Spätzlemehl)
4 Eier, 1/8–1/4 l Wasser
Pfeffer aus der Mühle, Jodsalz
2 EL Butter, 150 g geriebener Allgäuer Emmentaler, 2 Zwiebeln

Zubereitungszeit: ca. 1 Std.
Pro Portion ca.: 644 kcal · 30 g E · 25 g F · 75 g K

VEGETARISCH · PREISWERT

1 Rahmspinat auftauen lassen. Mit dem Handrührgerät Mehl, Eier, Wasser und Jodsalz verrühren. Aufgetauten Spinat unterrühren.

2 In einem großen Topf Salzwasser zum Kochen bringen. Backofen auf 75–100° vorheizen. Eine feuerfeste Form mit 1 EL Butter einfetten.

3 Teig portionsweise in einen Spätzlehobel füllen, ins köchelnde Wasser hobeln. Schwimmen alle Spätzle oben, mit einem Schaumlöffel herausheben und in die feuerfeste Form geben. Mit etwas Käse und frisch gemahlenem Pfeffer bestreuen und im Backofen warm halten. Evtl. mit Alufolie abdecken. So fortfahren, bis der Teig verbraucht ist.

4 Zwiebeln schälen, in Ringe schneiden und in 1 EL Butter knusprig braten. Zu den Spätzle reichen.

Variante:
Für Spätzle »natur« Spinat weglassen und gut 1/4 l Wasser verwenden. Wie oben beschrieben zubereiten. Außer Spinat eignen sich noch fein geraspelte Möhren, Kürbis oder Zucchini. Sie können dafür auch Gemüsereste pürieren.

Möhren-Eierkuchen

(kleines Bild)

Zutaten für 4 Personen

800 g junge, kleine Möhren
2–3 EL Butter oder Margarine
50 ml Orangensaft
Jodsalz, Pfeffer
3 Eier, 1/2 l Milch oder Joghurt
200 g Mehl
3–4 EL frisch geriebener Parmesan

Zubereitungszeit: ca. 45 Min.
Pro Portion ca.: 435 kcal · 18 g E · 17 g F · 51 g K

KINDERLEICHT · RAFFINIERT

1 Möhren waschen, schälen und in 1 EL Fett andünsten. Dann Saft, Jodsalz und Pfeffer zugeben und zugedeckt je nach Dicke etwa 5–10 Min. fast gar dünsten. Dicke Wintermöhren besser vor dem Garen der Länge nach halbieren.

2 Eier trennen, Eiweiße steif schlagen. Eigelbe verrühren und nach und nach Mehl, Milch, Saft, Jodsalz und Parmesan einrühren. Eischnee vorsichtig unterziehen.

3 In einer großen beschichteten Pfanne einen Teelöffel Fett zerlassen. Ein Viertel der Möhren in die Pfanne geben. Ein Viertel Pfannkuchenteig mit einer Kelle über den Möhren verteilen, dabei die Pfanne schwenken, damit sich der Teig gleichmäßig verteilt. Deckel auflegen und bei mittlerer Hitze eine Seite goldgelb backen, dann wenden und die andere Seite fertig backen.

info

Rund ums Ei:
Eier enthalten hochwertiges Eiweiß. Außerdem sind sie reich an Spurenelementen, Eisen und allen anderen Vitaminen (außer Vitamin C). Als Keimzelle neuen Lebens enthält vor allem der Dotter diese wertvollen Substanzen. Dazu gehört auch Lecithin, das zu Recht als Nervennahrung gilt. Allerdings enthält der Dotter auch Cholesterin. Ist der Fettstoffwechsel gesund, wird das Cholesterin einfach abgebaut und ausgeschieden (s. S. 43).

Eier sind leicht verdaulich und die enthaltenen Nährstoffe werden vom menschlichen Körper zu über 90 % ausgenutzt. Das ist gerade in der Kinderernährung ein Pluspunkt.

Ein kritischer Punkt ist die Salmonellenbelastung von Eiern (s. S. 36). Hier müssen Sie vor allem auf die Frische der Eier achten. Auf der Packung muss das Mindesthaltbarkeitsdatum oder das Lege- bzw. Abpackdatum aufgedruckt sein – dann lässt sich die Frische am besten beurteilen. 3–10 Tage lang ist das Ei sehr frisch und schmeckt am besten. Wissen Sie nicht mehr genau, wie alt Ihr Ei im Kühlschrank ist, hilft der Frischetest:

Ein ganzes Ei ist frisch, wenn es auf dem Boden eines mit Wasser gefüllten Glases liegen bleibt. Es nimmt eine Schräglage ein, wenn es etwa 8 Tage alt ist. Ist es älteren Datums, schwimmt es aufrecht im Wasser oder steigt gar zur Oberfläche auf, da mit der Zeit Wasser aus Dotter und Eiweiß durch die Schale verdunstet. Ältere Eier sollten immer durchgegart (nicht als weiches Frühstücksei) verzehrt werden.

Wie viel Eier darf ein Kind essen?

Wenn in der Familie Arteriosklerose häufiger vorkommt, sollte der Kinderarzt den Blutfettspiegel überprüfen. Ist er normal, bestehen keine Einschränkungen gegenüber der Cholesterinzufuhr: bis zu einem Ei pro Tag sind dann kein Problem. Kinder mit Fettstoffwechselstörungen sollten zurückhaltender sein. Sie sollten versteckte Eier in Nudeln und Gebäck meiden und insgesamt fettarm essen, dabei Öle wie Raps- und Leinöl sowie Margarine mit viel Omega-3-Fettsäuren bevorzugen. Viel Ballaststoffe, Haferflocken, Obst und Gemüse normalisieren den Blutfettspiegel.

Kirschenmichel

(im Bild oben)

Zutaten für 4 Personen

600 g Kirschen (oder 1 Glas Schattenmorellen)
6 altbackene Brötchen
$^1/_2$ l Milch
2–3 EL Zucker
3 Eier
1 TL Zimt
Fett für die Form
2 EL Mandelblättchen
1 Becher Naturjoghurt (150 g, 3,5 % Fett)
1 Becher Vanillepudding (200 g)

Zubereitungszeit: ca. 1 Std.
Pro Portion ca.: 553 kcal · 20 g E · 16 g F · 82 g K

PREISWERT · SCHNELL

1 Backofen auf 180° vorheizen. Kirschen waschen und entkernen (bzw. Schattenmorellen auf einem Sieb abgießen). Brötchen in Scheiben schneiden.

2 Milch mit Zucker, Eiern und Zimt kräftig verquirlen. Eine feuerfeste Form ausfetten. Im Wechsel Brötchen und Kirschen einschichten. Die Eiermilch darüber gießen und den Auflauf mit Mandelblättchen überstreuen. Im Backofen bei 180° 30–40 Min. backen.

3 Für die Vanillejoghurtsauce den Joghurt mit Pudding glatt rühren und zum heißen Auflauf reichen.

Müsli-Apfelküchlein

(im Bild unten)

Zutaten für 4 Personen

150 g Weizenmehl
100 g Knuspermüsli
2 Eier
250 ml Buttermilch
1 Prise Jodsalz
3–4 säuerliche Äpfel (z. B. Boskop)
Saft einer Zitrone
Mineralwasser zum Verdünnen
1 EL Bratfett
Zimt und Zucker nach Belieben

Zubereitungszeit: ca. 1 Std.
Pro Portion ca.: 432 kcal · 13 g E · 9 g F · 74 g K

PREISWERT · KINDERLEICHT

1 Mehl mit Knuspermüsli, den Eiern, der Buttermilch und dem Salz verrühren. Quellen lassen.

2 Äpfel waschen, schälen und mit einem Apfelausstecher das Kerngehäuse entfernen. In ca. 1 cm breite Ringe schneiden, mit Zitronensaft beträufeln. Den gequollenen Teig mit einem Schuß Mineralwasser verdünnen.

3 Wenig Bratfett erhitzen. Apfelringe nacheinander durch den Teig ziehen und in die Pfanne geben. Von beiden Seiten goldbraun backen. Nach dem Backen auf einem Küchenkrepp abtropfen lassen. Nach Belieben mit Zimt und Zucker bestreuen.

Variante:
Die Äpfel lassen sich auch durch Birnen, Ananasstücke, Pfirsichstücke, Beeren oder Bananen ersetzen. Das Rezept ist eine gute Alternative, wenn Kinder kein frisches Obst mögen.

info

Kohlenhydrate in der Kinder-Ernährung

Von den drei Nahrungsbausteinen Eiweiß, Fett und Kohlenhydraten sind Kohlenhydrate die idealen Energiespender: Sie liefern den schnellen Sprit für unseren Körper. Deshalb sollten sie auch den Löwenanteil unserer Nahrungskalorien ausmachen: etwa 55 % bis 60 %. Das ist auch deshalb sinnvoll, weil fast alle kohlenhydratreichen Lebensmittel gleichzeitig jede Menge Vitamine, Mineralstoffe, Ballaststoffe und Bioaktivstoffe enthalten. Denn es sind vor allem pflanzliche Lebensmittel: Getreide, Gemüse, Obst.

In diesen Lebensmitteln liegen Kohlenhydrate als »Mehrfachzucker« vor. Die Verdauungsenzyme spalten sie zu Einfachzucker – in dieser Form wird Zucker als Energiespender und Gehirnnahrung in unserem Körper verstoffwechselt.

Bei einem großen Überangebot werden Kohlenhydrate in einem komplizierten Prozess in Fett umgewandelt. Möglich ist das mit Nudeln, Brot, Obst oder Gemüse alleine kaum – dazu müsste ein Kind gewaltige Mengen essen. Aber wenn die Kohlenhydrate konzentriert genossen werden, in Form von Süßigkeiten, Kuchen oder gezuckerten Getränken, dann ist die Gefahr des Übergewichts eher gegeben. Mittlerweile gibt es Kinder, die mehr als die Hälfte der Kohlenhydrate in Form von reinem Zucker zu sich nehmen.

Dadurch wird die Versorgung mit wertvollen Nährstoffen knapp. Zucker enthält außer Kohlenhydraten keinen lebensnotwendigen Nährstoff. Wenn ein Kind die Hälfte seines Tagesbedarfs mit »leerem« Zucker deckt, kann es sich nicht mehr ausreichend mit Vitaminen, Mineral- und Bioaktivstoffen versorgen. Deshalb empfiehlt die DGE (Deutsche Gesellschaft für Ernährung) einen mäßigen Zuckergenuß – über 10–20 % der Energiezufuhr in Form von Zucker ist nachteilig!

Grießnocken mit Kompott

Zutaten für 4 Personen
500 g Magerquark
3 Eier
2 EL Zucker
100 g Mehl
120 g Hartweizengrieß
Jodsalz
4 EL Semmelbrösel
40 g Butter
750 g gemischte Beeren
2 EL Zucker
evtl. 1 TL Stärke

Zubereitungszeit: ca. 1 Std.
Pro Portion ca.: 544 kcal · 30 g E · 15 g F · 74 g K

PREISWERT · FETTARM

1 Magerquark mit Eiern und Zucker cremig rühren. Mehl und Grieß zugeben, salzen und ca. 15 Min. quellen lassen. Reichlich Salzwasser zum Kochen bringen. Von der Grießmasse mit einem Teelöffel ein Probenockerl abstechen und im sanft siedenden Wasser gar ziehen lassen. Falls das Nockerl auseinanderfällt, noch etwas Grieß unter den Teig rühren.

3 Mit nassen Esslöffeln Nockerln abstechen, ins Wasser gleiten lassen und ca. 12 Min. ziehen lassen. Mit der Schaumkelle aus dem Wasser heben. Die Semmelbrösel in Butter anbraten und die Nockerln darin schwenken.

4 Für das Kompott Beeren verlesen, wenn nötig waschen, mit Zucker bestreuen und ziehen lassen. Zu den Nockerln reichen.

Salzburger Nockerln auf Orangen

Zutaten für 4 Personen
100 g essfertige Trockenpflaumen
1 Glas Multivitaminsaft
3 Orangen, 1 große Banane
120 g Knuspermüsli
4 Eier, 30 g Zucker
1 Päckchen Vanillezucker
30 g Mehl
Fett für die Form
etwas Puderzucker zum Bestäuben

Zubereitungszeit: ca. 45 Min.
Pro Portion ca.: 405 kcal · 12 g E · 10 g F · 66 g K

RAFFINIERT · PREISWERT

1 Backofen auf 200° vorheizen, Auflaufform (ca. 20 x 24 cm) mit Fett ausstreichen.

2 Pflaumen halbieren und im Saft einweichen. Orangen bis aufs Fruchtfleisch abschälen, achteln, mittleren weißen Kern entfernen und die Achtel in fingerdicke Stücke schneiden. Dabei den Saft auffangen. Banane schälen, in feine Scheiben schneiden, zusammen mit Orangen, Pflaumen und Saft in der Form verteilen. Mit Knuspermüsli bestreuen.

3 Eier trennen. Eiweiße sehr steif schlagen, dann nach und nach unter weiterem Schlagen Zucker und Vanillezucker einrieseln lassen. Dotter mit wenig Eischnee anrühren, restlichen Schnee darüber geben, Mehl darauf sieben, zügig alles mit dem Schneebesen unterheben.

4 Mit einem Löffel große Nockerln von der Teigmasse abnehmen und auf die Orangen setzen. Auf die unterste Schiene des Backofens schieben und etwa 15 Min. backen, bis die Oberfläche hellbraun wird. Sofort mit Puderzucker überstäuben und auftischen, sonst fallen die Nockerln zusammen!

info

Obst aus dem Glas oder aus dem Eis
Frisches Obst enthält jede Menge Vitamine, Bioaktiv- und Mineralstoffe. Aber wie sieht es mit Konserven aus?

Kompott enthält Ballast- und Mineralstoffe in ähnlichem Maße wie rohes Obst – zum Teil sind sie aber in den Saft übergegangen. Vitamine leiden teilweise unter Hitze und Lagerung – speziell Beta-Karotin hingegen übersteht die Konservierung gut. Auch Bioaktivstoffe sind teilweise hitzestabil und sogar aus gegarten Früchten für den Körper besser zu verwerten. Ist der Sirup nicht zu stark gesüßt, kann Kompott den Hunger auf Süßes auf gesunde Art stillen.

Tiefkühl-Früchte enthalten alle Nährstoffe der frischen Frucht und sind uneingeschränkt empfehlenswert. Noch halbgefrorene Himbeeren lieben Kinder oft mehr als Bonbons. Gerade in den Jahreszeiten, in denen Frischobst rar ist, bietet TK-Obst eine gesunde Alternative.

Kombi-Küche

Nuss-Bulgur

(im Bild rechts unten)

Zutaten für 4 Personen

2 große Möhren, 1 EL neutrales Öl
100 g ungesalzene Cashewkerne (ersatzweise Erdnüsse)
200 g Bulgur
400 ml Gemüsebrühe
Jodsalz
1 Msp. Currypulver
frisch gemahlener Pfeffer

Zubereitungszeit: ca. 30 Min.
Pro Portion ca.: 365 kcal · 11 g E · 14 g F · 50 g K

SCHNELL · RAFFINIERT

1 Möhren waschen, schälen und grob raspeln. Öl in einer Pfanne erhitzen, Cashewkerne zugeben und anrösten. Möhren und Bulgur hinzufügen und andünsten. Gemüsebrühe angießen, aufkochen und die Gewürze zugeben. Bei kleiner Hitze in etwa 15 Min. ausquellen lassen.

Tomaten-Couscous

(im Bild oben)

Zutaten für 4 Personen

1 Zwiebel, 1 kleine Knoblauchzehe
1 EL Olivenöl, 1/2 l Tomatensaft
250 g Couscousgrieß (Instant)
Jodsalz, Pfeffer, 250 g Cocktailtomaten
1 EL weiche Butter

Zubereitungszeit: ca. 30 Min.
Pro Portion ca.: 257 kcal · 8 g E · 3 g F · 49 g K

OHNE MILCH UND EI

1 Zwiebel und Knoblauch schälen und fein hacken. In einem Topf Öl erhitzen, Zwiebel darin glasig dünsten. Knoblauch zugeben und kurz mitdünsten.

2 Mit Tomatensaft aufgießen und aufkochen, den Couscousgrieß einrieseln lassen. Mit Jodsalz und Pfeffer würzen. Vom Herd ziehen und nach Anweisung auf der Couscouspackung ca. 5 Min. quellen lassen. Auflockern.

3 Cocktailtomaten waschen und halbieren, mit der Butter unter den Couscous geben und ca. 1 Min. heiß werden lassen. Passt toll zu Brathähnchen und Frikadellen.

Sauerampfer-Polenta

(im Bild links)

Zutaten für 4 Personen

$^1/_2$ l Wasser
Jodsalz
250 g Maisgrieß (Polenta, Instant)
$^1/_2$ l fettarme Milch
1 großer Bund Sauerampfer (ersatzweise Rucola)
Pfeffer, geriebene Muskatnuss
50 g frisch geriebenen Parmesan
2 EL weiche Butter

Zubereitungszeit: ca. 35 Min.
Pro Portion ca.: 399 kcal · 17 g E · 13 g F · 54 g K

KINDERLEICHT · GEHALTVOLL

1 In einem hohen Topf $^1/_2$ l Wasser mit 1 EL Jodsalz zum Kochen bringen. Maisgrieß einrieseln lassen und unter Rühren kochen. Nach und nach die Milch zugeben. Dabei immer wieder kräftig umrühren.

2 Sauerampfer waschen, trockenschütteln, fein hacken und mit Pfeffer, Muskat, Parmesan unter die Butter rühren.

3 Sauerampfer-Butter unter die fertige Polenta rühren. Als sättigende Beilage zu Gemüse oder sämigen Saucen reichen.

Variante:
Soll die Polenta zu einem üppigen Fleischgericht gereicht werden, am besten nur mit 1 l Gemüsebrühe kochen und 1–2 EL Butter unterziehen.

info

Getreide: die ideale Beilage
Normalerweise essen wir Getreide als Beilage in Form von Brot, Reis und Nudeln als Beilage. Es gibt aber noch viel mehr Möglichkeiten. Die drei Varianten aus den Rezepten sind im Nu gar, schmecken sehr mild und sehen gar nicht so »vollkörnig« aus.

Polenta ist der italienische Name für Maisbrei. Den dazu benötigten Maisgrieß gibt es mittlerweile in jedem Supermarkt. Polenta nimmt sehr viel Flüssigkeit auf und wird beim Erkalten fest.

Couscous ist grob geschliffener, vorgedämpfter Weizengrieß. In Nordafrika wird er traditionell im Wasserdampf über geschmortem Fleisch und Gemüse gedämpft. Mittlerweile gibt es auch Instant-Couscous, dieser quillt innerhalb von 5–10 Minuten im Wasser. Für Salate kann man Couscous auch mit kalter Flüssigkeit anrühren: Er quillt trotzdem.

Bulgur ist sehr grob gebrochener Weizen, der ebenfalls vorgedämpft ist. Er gart in 15 Minuten und schmeckt angenehm nussig. Sie bekommen ihn vor allem in türkischen Lebensmittelläden. Getreide und Getreideprodukte halten sich in gut verschließbaren Gläsern an trockenen Orten ca. 2–3 Monate. Maisgrieß wird schnell bitter – am besten frisch einkaufen und verbrauchen.

Kartoffelpüree

(großes Bild, mit Varianten)

Zutaten für 4 Personen

1 kg mehlig kochende Kartoffeln
Jodsalz
ca. $^{1}/_{2}$ l fettarme Milch
2 EL Butter oder Margarine
geriebene Muskatnuss

Zubereitungszeit: ca. 35 Min.
Pro Portion ca.: 258 kcal · 8 g E · 9 g F · 36 g K

PREISWERT · GEHALTVOLL

1 Kartoffeln waschen und in der Schale in wenig Salzwasser gar kochen – nur die unterste Schicht Kartoffeln muss im Wasser stehen – die oberen garen im Dampf. Kartoffeln abgießen, noch heiß pellen und durch eine Kartoffelpresse drücken.

2 In einem Topf Milch erhitzen und anschließend über den Kartoffelschnee gießen. Mit einem Schneebesen die Kartoffelmasse kräftig durchrühren, dabei Fett zugeben. Mit Muskat und Jodsalz abschmecken.

Hinweis:
Entscheidend für das Gelingen sind mehlig kochende Kartoffeln – Sie erhalten sie am besten im Naturkostladen oder Hofverkauf. Mit der Kartoffelpresse wird der Brei richtig locker. Mit einem Kartoffelstampfer bekommt man stückigen Brei. Auf keinen Fall mit dem Mixstab arbeiten: Das gibt Kleister-Kartoffeln! Übrigens: Wenn Sie das Püree in den Spritzbeutel füllen (große Tülle) können Sie so schöne Türmchen spritzen wie auf dem großen Foto.

Varianten:

Farbiges Kartoffelpüree:
Ersetzen Sie jeweils einen Teil der Kartoffeln durch gedünstetes Gemüse, z. B.:

grünes Püree:
300 g Broccoli oder 300 g tiefgekühlten, erhitzten Rahmspinat

rotes Püree:
150 g Tomatenwürfel mit 1 EL Tomatenmark mischen.

oranges Püree:
500 g Karotten oder Kürbis

bräunliches Püree:
300 g Zwiebeln würfelig schneiden und mit 2 EL Räucherspeckwürfeln knusprig braun rösten, unter das Püree ziehen.

Kartoffelschnee:
1 kg Kartoffeln wie oben im Rezept garen. Durch die Kartoffelpresse in eine weite Schüssel drücken. Die 2 EL Butter zerlassen, 40 g Sesamsamen darin rösten, salzen und über den Schnee träufeln.

info

Es muss nicht immer Vollkorn sein
Vollkornprodukte stehen bei Kindern in ihrer Beliebtheit nicht an erster Stelle. Sie sehen meist bräunlich aus, schmecken intensiver und man muss länger kauen. Eine Studie mit Vollkornreis zeigte aber, daß Kinder ihn mit verbundenen Augen ebenso gerne aßen wie Weißreis.

Ein paar optische Tricks sind also hilfreich: Mischen Sie weiße und dunkle Ware, geben Sie Getreide mit dem Eisportionierer hübsche Formen, geben Sie farbiges Gemüse hinein. Wechseln Sie ganz locker zwischen stark bearbeiteten und vollwertigen Produkten ab. Denn selbst in hellen Nudeln, Reis oder Brot ist immer noch eine Menge Nährwert!

Reis

(kleines Bild)

Zutaten für 4 Personen

200 g Risotto-Reis
400 ml Instant-Brühe

Zubereitungszeit: ca. 20 Min
Pro Portion ca.: 196 kcal · 4 g E · 1 g F · 41 g K

KINDERLEICHT · SCHNELL

1 Reis in einem Topf erhitzen, mit Brühe angießen, aufkochen lassen und mit geschlossenem Deckel 15–20 Min. bei kleiner Hitze ausquellen lassen.

2 Ist der Reis gar und etwas klebrig, eine runde Schüssel mit kaltem Wasser ausschwenken und den Reis einfüllen und fest drücken. Auf einen großen Teller stürzen und mit einem Tomatenschmetterling verzieren.

Varianten:

Risi-Bisi:
Rezept wie oben, 10 Min. vor Ende 200 g Tiefkühl-Erbsen hinzufügen. Mit gehackter Petersilie und Pfeffer würzen.

Curry-Reis:
Rezept wie oben, Reis aber in 1 EL Butter andünsten und mit Currypulver würzen.

Paprika-Reis:
1 Zwiebel schälen, fein hacken, in 1 EL Öl andünsten. Reis zugeben und kurz mitbraten. Brühe hinzugeben, mit Paprikapulver würzen, eine fein gewürfelte rote Paprikaschote zugeben und wie oben fertig garen.

Sind Instant-Püree und -Klöße gesund?
Kartoffeln werden in der Industrie besonders schnell und schonend verarbeitet. Bei der Trocknung wird in der Regel auch kein Schwefel mehr zugesetzt. Achten Sie jedoch auf die Zutatenliste auf der Packung: mehr als Kartoffeln und Salz sollte nicht darauf stehen. Bevorzugen Sie Produkte, die mit Milch zubereitet werden. Instant-Püree und -Klöße enthalten weniger Ballaststoffe und empfindliche Vitamine. In frisch zubereitetem Püree dagegen ist die Gesamtheit der wertvollen Inhaltsstoffe enthalten. Aber wenn es mal schnell gehen soll, sind Instantprodukte okay.

Ofenkartoffeln
(großes Bild)

Zutaten für 4 Personen

4 große Kartoffeln (à ca. 200 g)
(als Hauptmahlzeit pro Person 2 Kartoffeln berechnen)
1 EL Öl
2 EL Butter oder Margarine
3 EL Sauerrahm (oder Schmand)
Jodsalz, Pfeffer
mildes Paprikapulver

Zubereitungszeit: ca. 15 Min.
Backzeit: 1 Std.
Pro Portion ca.: 184 kcal · 4 g E · 7 g F · 25 g K

VEGETARISCH · RAFFINIERT

1 Den Backofen auf 180° vorheizen. Die Kartoffeln unter fließendem Wasser gründlich abbürsten, abtrocknen und rundherum einölen.

2 Die Kartoffeln im heißen Ofen bei 180° etwa 50 Min. backen. Dann herausnehmen und der Länge nach halbieren, leicht ausdampfen lassen.

3 Mit einem kleinen Löffel das Innere bis auf eine dünne Wand aushöhlen, mit einer Gabel zerdrücken und dabei 1 EL Fett und den Sauerrahm zugeben. Mit Jodsalz, Pfeffer und Paprika abschmecken, wieder in die Kartoffeln füllen und das restliche Fett in Flöckchen auflegen.

4 Im heißen Ofen nochmals etwa 10 Min. goldgelb überbacken. Mit einem Kartoffel-Tomaten-Fliegenpilz (geschälte Pellkartoffel, mit ausgehöhlter halber Tomate und Mayonnaise-Tupfen) anrichten.

Varianten:

- Statt Sauerrahm 2 EL Zuckermais, 2 EL grüne Erbsen und 2 EL Reibekäse zugeben, mit Reibekäse bestreuen. (Bild, links)
- 3 EL Schnittlauchröllchen und 3 EL Kräuter-Frischkäse statt Sauerrahm unter das Kartoffelmus ziehen.
- Zum Grundrezept 2 EL gewürfelten rohen Schinken und 1 EL gehackte Petersilie geben. (Bild hinten)
- 3 EL blanchierten Blattspinat (oder 1 kleiner Block TK-Spinat), 1 zerdrückte Knoblauchzehe, 2 EL zerkrümelten Fetakäse und 1 EL Öl unter das Kartoffelmus mischen, mit Feta bestreuen.
- 3 EL Tomatenwürfel, 1 EL Pesto und 1 EL Olivenöl unter das Kartoffelmus mischen. Mit Mozzarellawürfeln bestreuen und überbacken. (Bild, rechts).

Rösti
(kleines Bild)

Zutaten für 4 Personen

1 kg fest kochende Kartoffeln
1 große Zwiebel
3–4 EL Butterschmalz
2 EL Sonnenblumenkerne
1 TL Majoran
Jodsalz und Pfeffer

Zubereitungszeit: ca. 1 Std.
Pro Portion ca.: 307 kcal · 5 g E · 18 g F · 31 g K

KINDERLEICHT

1 Die Kartoffeln mit Schale halb gar kochen (ca. 20 Min.). Zwiebel schälen und in feine Würfelchen schneiden. Die Kartoffeln abgießen, abkühlen lassen, schälen und mit der Küchenmaschine grob raffeln.

2 Das Butterschmalz in einer möglichst großen, schweren Pfanne erhitzen, Zwiebeln und Sonnenblumenkerne zugeben und anbraten.

3 Die Kartoffelraspel mit dem Majoran mischen, in Portionen in die Pfanne geben und anbraten, dabei salzen und pfeffern. Nun die Kartoffelraspel mit einem Bratenwender fest in die Pfanne drücken, bei milder Hitze kurz weiterbraten. Wenn eine Partie unten braun wird, wenden, bis die Kartoffeln insgesamt angebräunt und durchgegart sind. Zum Servieren vorsichtig aus der Pfanne auf einen großen Teller gleiten lassen.

Variante:
Die Kartoffeln in dünne Scheiben hobeln und als Bratkartoffeln braten. Statt Sonnenblumenkernen Speckwürfel mit den Zwiebeln auslassen. (Bratkartoffeln aus gekochten Kartoffeln garen schneller, werden weniger knusprig, saugen aber auch weniger Fett auf und sind eine gute Resteverwertung.)

info

Kartoffeln in der Kinderernährung
Kartoffeln enthalten nicht nur wertvolles Eiweiß, sondern auch reichlich Vitamin C, B_1 und B_2, Calcium, Magnesium und Ballaststoffe.
Ist Ihr Kind Gemüsemuffel, können Sie – neben einer Extraportion Obst – mit frisch zubereiteten Kartoffeln ein Defizit an Vitaminen und Mineralstoffen vermeiden.

Und so bereiten Sie Kartoffeln schonend zu:
- Kartoffeln in der Schale und in wenig Wasser garen (3–4 cm reichen aus) – die Kartoffeln oberhalb garen im Dampf. Noch besser: Kartoffeln im Dämpfer garen.
- Geschälte Kartoffeln nie wässern: nach 4 Std. sind alle Vitamine baden gegangen.
- Bratkartoffeln und Rösti in einer beschichteten Pfanne braten, dann brauchen Sie nur wenig Fett.

Achten Sie beim Einkauf auf schadhafte Stellen. Grüne Kartoffeln waren dem Licht ausgesetzt und haben das giftige Solanin gebildet. Diese Stellen beim Zubereiten großzügig wegschneiden.

Sind Chips & Knabberzeug ungesund?

Chips, Flips & Co. sind sehr reich an Fett, Salz und scharfen Gewürzen. Ab und zu ist das kein Problem – nur wird das Knabberzeug gerne vor dem Bildschirm geschmaust – und da ist eine Tüte schnell leer. Der Durst wird dann mit Limo und Cola gelöscht und schon ist kalorienmäßig eine Hauptmahlzeit gegessen, ohne dass lebensnotwendige Nährstoffe mitgetankt werden. Wenn dann noch die Bewegung fehlt, landen die Fettpunkte auf der Hüfte. Schlanke Alternativen: Salzstangen, chinesisches Reisgebäck, Grissini, Popcorn und Cräcker.

Kartoffelsalat

(großes Bild)

Zutaten für 4 Personen

750 g fest kochende Kartoffeln
Jodsalz
150 g Gartenkresse
2 EL Senf
Pfeffer
1 Prise Muskatnuss
100 ml Gemüsebrühe (Instant)
2–3 EL Apfelessig
3–4 EL Keimöl
2 Bund Radieschen

Zubereitungszeit: ca. 40 Min.
Zeit zum Durchziehen: ca. 1 Std.
Pro Portion ca.: 204 kcal · 5 g E · 9 g F · 25 g K

GUT VORZUBEREITEN · PREISWERT

1 Die Kartoffeln in Salzwasser kochen, noch heiß pellen, in Scheiben schneiden. Die Kresse waschen und gut abtropfen lassen. Aus den übrigen Zutaten ein Dressing anrühren, kräftig würzen.

2 Noch warme Kartoffeln mit dem Dressing vermischen und mindestens 1 Std. durchziehen lassen. Die Radieschen waschen und putzen, in schmale Spalten teilen, eines für die Dekoration beiseite legen. Den Salat nochmals abschmecken und die Radieschen und die Kresse (mit der Schere vom Beet schneiden) unterheben. Mit einem »Radieschen-Gesicht« (Augen aus Pfefferkörnern) hübsch verzieren.
Dazu passen natürlich Wienerle, Frikadellen, Bratwurst, Gegrilltes oder Bratfisch.

Hinweis:
Wichtig für den Kartoffelsalat sind Salatkartoffeln oder zumindest fest kochende Typen – sie enthalten weniger Stärke, sind eher speckig und zerfallen nicht so leicht.

Nudelsalat

(kleines Bild, links)

Zutaten für 4 Personen

250 g Schleifchennudeln
Jodsalz
1 Bund Schnittlauch
250 g Mini-Mozzarella (ersatzweise Mozzarella in Würfeln)
1/2 Eisbergsalat
200 g Kirschtomaten
1 EL Essig, 1 EL Zitronensaft
Pfeffer
1 TL Meerrettich
3 EL Öl

Zubereitungszeit: ca. 30 Min.
Pro Portion ca.: 428 kcal · 30 g E · 10 g F · 55 g K

GUT VORZUBEREITEN · RAFFINIERT

1 Die Nudeln in kochendem, gesalzenem Wasser in etwa 10 Min. al dente kochen. Mit kaltem Wasser abschrecken und gut abtropfen lassen. Den Schnittlauch waschen und in feine Röllchen schneiden. Mozzarella-Kugeln darin wälzen.

2 Salat und Tomaten waschen und putzen. Salat in mundgerechte Stücke zupfen, Tomaten halbieren.

3 Für das Dressing Essig mit Zitronensaft, Jodsalz und Pfeffer, Meerrettich und Öl verrühren. Das Dressing mit den Nudeln und den übrigen Zutaten vermischen, in eine Schüssel geben und die Kugeln darin verteilen.

Bunter Salatteller

(kleines Bild, rechts)

Zutaten für 4 Personen

3 Möhren
1 mittelgroßer weißer Rettich
1 Gurke
250 g frisches mildes Sauerkraut (Reformhaus), 2 Äpfel
einige Blätter Eisbergsalat
2 EL saure Sahne
Kräutersalz
1 TL gehackte Dillspitzen
4 EL Zitronensaft
Pfeffer
1 TL milder Senf
4 EL Weizenkeimöl, 5 EL Sahne
150 g junger Gouda in Scheiben
150 g Geflügellyoner in Scheiben

Zubereitungszeit: ca. 30 Min.
Pro Portion ca.: 340 kcal · 18 g E · 22 g F · 16 g K

KINDERLEICHT · RAFFINIERT

1 Gemüse gründlich waschen und abtropfen lassen. Möhren schälen und fein reiben. Rettich ebenfalls schälen und grob raspeln. Gurke mit einer Juliennereibe in Streifen hobeln. Sauerkraut klein schneiden. Äpfel schälen und ins Kraut reiben. Eisbergsalat in kleine Stückchen zupfen.

2 Auf einem großen Teller jede Salatsorte für sich anrichten. Gurkenstreifen zuvor mit saurer Sahne, etwas Kräutersalz und gehackten Dillspitzen vermischen, die übrigen Sorten naturell lassen.

3 Für das Dressing den Zitronensaft mit Kräutersalz, Pfeffer, Senf und Öl schlagen. Zum Schluss Sahne unterrühren. Dressing über die Salatsorten außer der Gurke träufeln. Mit einer kleinen Herzform aus der Käse- und Lyonerscheibe Herzchen ausstechen, auf dem Salat verteilen.

Semmelknödel mit Möhrensauce

(großes Bild)

Zutaten für 4 Personen

8 altbackene Brötchen
$^{1}/_{4}$ l lauwarme Milch
Jodsalz, 1 große Zwiebel
1 kleines Bund Petersilie
2 EL Butter, 3 Eier, 1–2 EL Mehl

Für die Sauce:

500 g Möhren, 1 EL Olivenöl
$^{1}/_{4}$ l Fleischbrühe, Jodsalz, Pfeffer, Curry, 1–2 TL Saucenbinder
150 g gekochter Schinken am Stück
2 EL Crème fraîche

Zubereitungszeit: ca. 1 Std.
Pro Person ca.: 643 kcal · 26 g E · 22 g F · 79 g K

PREISWERT · GEHALTVOLL

1 Brötchen in Scheiben mit der lauwarmen Milch übergießen, salzen und 20 Min. ziehen lassen. Zwiebel schälen und fein würfeln. Petersilie fein hacken. Butter in der Pfanne zerlassen. Zwiebel darin andünsten, bis sie glasig ist. Petersilie ganz kurz mitdünsten. Die Eier aufschlagen.

2 In einem weiten Topf reichlich Jodsalzwasser erhitzen. Zwiebeln, Petersilie, Eier und Mehl zum Brot geben und verkneten. Sollte der Teig zu weich sein, einfach Semmelbrösel zugeben. Mit nassen Händen acht Knödel formen. Sobald das Wasser kocht, die Knödel in das Wasser geben und ca. 20 Min. bei leicht köchelndem Wasser ziehen lassen.

3 Für die Sauce die Möhren waschen, schälen und in Scheiben hobeln. Öl in einem Topf erhitzen. Möhren darin andünsten, mit Brühe ablöschen und ca. 10 Min. köcheln lassen. Mit Salz, Pfeffer und Curry würzen.

4 Die Hälfte der Möhren herausheben, beiseite stellen. Saucenbinder hinzugeben und das Ganze mit dem Pürierstab pürieren. Etwa 1 Min. köcheln lassen. Schinken würfeln und zusammen mit den übrigen Möhren hinzufügen. Crème fraîche unterrühren und abschmecken.

Variante:

Champignonsauce: Statt Möhren 400 g Champignons in Scheiben schneiden. Curry und Schinken weglassen. Mit Petersilie verfeinern.

info

Wohin mit den Resten?
Wenn Sie Reste einfrieren möchten, dann sofort. Oder aber Sie zaubern eine neue Mahlzeit daraus.

Übrig gebliebene Pfannkuchen, Reis oder Nudeln können prima als Suppeneinlage verwendet werden. Gegebenenfalls klein schneiden, hinein in die Brühe, aufwärmen und fertig!

Kartoffelreste bieten ebenfalls eine Vielzahl von Varianten an: So kann man aus den restlichen Kartoffeln nicht nur einen Auflauf oder Bratkartoffeln, sondern ebenso leicht ein herzhaftes Bauernfrühstück mit Schinkenwürfeln, Ei und Gürkchen zaubern oder die Reste mit Milch, Butter und Muskat einfach »einstampfen«.

Gegartes Gemüse wie Blumenkohl oder Broccoli schmeckt auch sehr gut als Salat mit einem Essig & Öl-Dressing. Wer's lieber warm mag, gießt eine Mischung aus etwas Sahne oder Milch, Knoblauch, Salz und Pfeffer mit geriebenem Käse über das Gemüse, schiebt es für einige Minuten in den heißen Ofen und genießt ein leckeres Gratin.

Kleine Mengen von Gemüseresten pürieren, mit Käse, Schinken, Fleischresten, Sahne oder Nüssen als gehaltvolle Sauce zu Pasta reichen.

Fleischreste, sei es nun Schnitzel oder Steak schnetzeln Sie klein. Geben Sie verschiedene Gemüse oder Pilze dazu, und schon gibt's für Ihre Familie eine knackige Gemüsepfanne.

Kohlrabi-Ragout

(kleines Bild)

Zutaten für 4 Personen

1 kg Kohlrabi, 1 Zwiebel
1 EL Butter oder ungehärtete Margarine
250 g Rinderhackfleisch
Jodsalz, Pfeffer
3 EL süße Sahne

Zubereitungszeit: ca. 45 Min.
Pro Person ca.: 213 kcal · 18 g E · 13 g F · 7 g K

PREISWERT · SCHNELL

1 Kohlrabi waschen, Blätter entfernen, die zarteren Triebe aufheben. Knollen schälen und in dünne Scheiben schneiden. Kleine Blätter fein hacken. Zwiebel abziehen, halbieren und in feine Würfel schneiden.

2 Fett in einem Topf zerlassen, Zwiebelwürfel andünsten und dann Hackfleisch zugeben. Bei größerer Hitze kräftig anbraten, dabei salzen und pfeffern.

3 Wenn das Fleisch gebräunt ist, Kohlrabischeiben und Kohlrabiblätter zugeben, umrühren und bei schwacher Hitze in 15–20 Min. gar dünsten. Mit Sahne abschmecken und mit Pellkartoffeln zu Tisch geben.

Wie vermeide ich Nitrosamine?

Nitrat, das in Gemüse und Wasser vorkommt, wird durch Bakterien zu Nitrit. Dieses wiederum kann bei starker Hitze mit natürlich vorkommenden Aminen (z. B. aus Wurst und Käse) zu Nitrosaminen reagieren – und die sind krebserregend. Vitamin-C-reiches Gemüse und Obst kann diese Reaktion verhindern. Gepökelte, geräucherte Wurstwaren und Käse nur kurz und schonend überbacken und braten, nicht warmhalten oder aufwärmen. Dabei möglichst mit Zitronensaft oder Vitamin-C-reichem Gemüse (z. B. Paprika, Blumenkohl, Rosenkohl) kombinieren und ein Glas Orangensaft dazu trinken.

Saucen-Klößchen

(im Bild oben)

Zutaten für 4 Personen

1 Zwiebel
1 Lauchstange
250 g Möhren
1 EL Öl
300 g Brät oder frische Bratwürste
3 EL Tomatenmark
Jodsalz
Pfeffer
200 ml Tomatensaft
3 EL Schmand

Zubereitungszeit: ca. 30 Min.
Pro Person ca.: 288 kcal · 9 g E · 25 g F · 6 g K

KINDERLEICHT · PREISWERT

1 Zwiebel schälen, halbieren und würfelig schneiden. Das Gemüse waschen und putzen. Den Lauch von Wurzel und Blattenden befreien, Stange in dünne Scheiben schneiden. Möhren schälen und grob raspeln.

2 Das Gemüse im heißen Fett in einer tiefen Pfanne anbraten. Das Brät mit einem kleinen Löffel in 20–25 Klößchen teilen – bei Bratwürstchen die Masse portionsweise direkt aus der Pelle drücken. Mit dem Gemüse unter Rühren braten, bis die Klößchen rundherum gebräunt und fest sind.

3 Die Klößchen herausnehmen, Gemüse mit Tomatenmark und Gewürzen verrühren, kurz weiterschmoren. Dann mit Tomatensaft angießen und die Sauce mit dem Pürierstab zermusen. Sauce evtl. mit Wasser verdünnen. Zum Schluss den Schmand unterrühren, Klößchen wieder zugeben, alles aufkochen und abschmecken. Dazu passt Reis, Bulgur oder Püree und Salat.

Fisch mit Broccoli

(im Bild unten)

Zutaten für 4 Personen

400 g festes Seefischfilet (z. B. Seelachs)
2 Zitronen, Jodsalz, Pfeffer
300 g Broccoli, 2 Eier
100 g Mehl
200 ml Eiswasser
Pfeffer, Mehl zum Wälzen
etwa 500 g Butterschmalz oder Kokosfett zum Ausbacken

Zubereitungszeit: ca. 45 Min.
Pro Person ca.: 309 kcal · 26 g E · 14 g F · 20 g K.

RAFFINIERT · GEHALTVOLL

1 Fischfilets waschen bzw. auftauen lassen, in mundgerechte Stückchen teilen. 1 Zitrone längs halbieren, auspressen und mit dem Saft den Fisch beträufeln, salzen und pfeffern. In einer abgedeckten Schüssel im Kühlschrank ziehen lassen. Restliche Zitrone in Spalten schneiden und beiseite stellen.

2 Broccoli waschen und in mundgerechte Stücke teilen, ebenfalls kühl stellen. Eier mit Mehl und Eiswasser zu einem glatten Teig verrühren, im Kühlschrank aufbewahren.

3 Butterschmalz oder Kokosfett mindestens 5 cm hoch in einer Friteuse oder im Topf auf 180° erhitzen.

4 Filets und Broccolistückchen nach und nach in Mehl wälzen, in den Teig tauchen, kurz abtropfen lassen und im heißen Fett etwa 1–2 Min. goldgelb backen. Auf Küchenpapier abtropfen lassen. Dazu passt Ajvar, Ketchup oder Sojasauce und Brot oder Reis.

Hinweis:
Das Fett hat die richtige Temperatur, wenn ein Test-Brotwürfel darin sprudelnd siedet.

Variante:
Statt Fisch lassen sich auch Garnelen oder Geflügelfleisch ausbacken. Gut geeignete Gemüsesorten sind außerdem noch Zucchinischeiben, Champignons, Lauchscheiben, dicke Spargelabschnitte, Tomatenscheiben.

info

Fisch für Kinder

Fisch liefert leichtverdauliches Eiweiß bei nur mäßigem Fettanteil. Aber nur Seefisch versorgt mit Jod, das aus dem Meer stammt. 20 % der deutschen Kinder haben mit 12 Jahren bereits einen Kropf – Folge des Jodmangels. Untersuchungen aus den USA weisen nach, dass eine nicht ausreichende Versorgung mit Jod zu einem Absinken des IQ bei Kindern führt. Den höchsten Jodgehalt hat Schellfisch, gefolgt von Seelachs, Scholle, Kabeljau und Makrele. Süßwasserfische wie Forelle, Karpfen, Catfisch oder Viktoriabarsch enthalten kaum Jod.

Seefisch, vor allem aus kalten Meeren, hat noch einen anderen Vorteil: er ist reich an Omega-3-Fettsäuren (Seite 60). Vor allem Hering, Makrele und Lachs enthalten diese Fettsäuren, die ihnen ein Überleben auch bei großer Kälte ermöglichen: Omega-3-Fettsäuren verbessern die Fließeigenschaften des Blutes.

Kinder mögen keine Gräten – und der Anblick eines ganzen Fisches auf dem Teller nimmt ihnen den Appetit. Deshalb sind Fischfilets besonders empfehlenswert. Selbst Fischstäbchen leisten trotz üppiger Kruste einen guten Beitrag zur Jodversorgung.

Hühner-Frikassée

(Bild, hinten)

Zutaten für 4 Personen

1 Suppenhuhn à 1 kg
1 Bund Suppengrün
Jodsalz
250 g Bruchspargel
250 g Zuckerschoten
2 EL Butter, 3 EL Mehl
Pfeffer, 1–2 EL Zitronensaft

Zubereitungszeit: ca. 1 Std.
Garzeit für das Huhn: ca. 1 Std.
Pro Person ca.: 505 kcal · 42 g E · 37 g F · 35 g K.

GUT VORZUBEREITEN · AUCH FÜR VIELE

1 Das Huhn waschen und in einen möglichst passenden Topf geben. Suppengrün waschen und mit Jodsalz ebenfalls dazugeben. Mit ca. 1 l Wasser auffüllen und zum Kochen bringen. Zugedeckt 1 Std. bei schwacher Hitze simmern lassen.

2 Inzwischen Gemüse waschen. Spargel schälen, die unteren Enden abschneiden, in mundgerechte Stücke schneiden. Von den Zuckererbsen die Enden abschneiden.

3 Ist das Huhn weich, Brühe durch ein Sieb gießen, Brühe evtl. entfetten, das Huhn abkühlen lassen. Inzwischen in der Brühe die Spargelstückchen 10 Min. kochen, die Zuckererbsen in den letzten 3 Min. zugeben. Gemüse mit dem Schaumlöffel aus der Brühe nehmen.

4 Hühnerfleisch häuten, auslösen und in kleine Würfel schneiden. Butter in einem großen Topf schmelzen, mit dem Mehl mischen und hell rösten, vom Herd nehmen und Kelle für Kelle die abgekühlte Hühnerbrühe zugeben, bis eine sahnige Sauce entsteht. Mit Jodsalz, Pfeffer, Zitronensaft abschmecken und noch ca. 10 Min. sanft köcheln lassen. Fleisch und Gemüse zufügen und heiß werden lassen. Dazu passt Reis. Lustig sieht es aus, wenn Sie aus rohen Möhren Buchstaben ausstechen und über dem Frikassée verteilen.

Variante:
Schneller geht's mit 600 g Hähnchenbrustfilet anstatt eines ganzen Suppenhuhns. 1 l Wasser mit Instant-Hühnerbrühe aufkochen, Hähnchenbrust hinzufügen und ca. 20 Min. simmern lassen. Dann in Würfel schneiden.

info

Fett in der Kinder-Ernährung
Fett, Eiweiß, Kohlenhydrate sind die drei energieliefernden Ernährungsbausteine. Davon ist Fett das kalorienreichste – es liefert fast doppelt so viel Energie wie Kohlenhydrate oder Eiweiß. Fett ist Träger der fettlöslichen Vitamine A, D, E und K und Lieferant von lebensnotwendigen Fettsäuren.

Der Fettanteil in der Nahrung sollte bei Kindern zwischen 30–35 % liegen – also etwas höher als bei Erwachsenen. Denn Kinder haben im Verhältnis zu ihrem Körpergewicht einen höheren Energiebedarf als Erwachsene.

Hauptbestandteil von Fetten sind die Fettsäuren, die in unterschiedlicher Form vorliegen. Gesättigte und einfach ungesättigte Fettsäuren kann der Körper auch aus Kohlenhydraten bauen – sie kommen vor allem in tierischen Fetten vor. Mehrfach ungesättigte Fettsäuren müssen wir dagegen mit der Nahrung aufnehmen. Mehrfach ungesättigte Fettsäuren (z. B. Omega-3-Fettsäuren) kommen in Seefisch, aber auch in Leinöl, Raps- und Walnussöl vor. Sonnenblumenöl enthält dagegen viel Vitamin E. Verwenden Sie diese Öle im Wechsel für die kalte Küche, oder zum Dünsten. Zum Braten bei hohen Temperaturen eignen sich einfaches Oliven- oder Sojaöl und Butterschmalz. Aber auch Butter hat als Streichfett, beim Backen und als geschmackliches Highlight beim Abschmecken seine Berechtigung. Das ideale Fett gibt es nicht – auf den Mix kommt es an.

Paprikasch

(Bild, vorne)

Zutaten für 4 Personen

300 g Zwiebeln
500 g kleine Zucchini
4 kleine Hähnchenschenkel
1 TL Jodsalz, Pfeffer
1 EL Butterschmalz, $^1/_4$ l Wasser
1–2 EL mildes Paprikapulver
1–2 EL Instant-Haferflocken
2 EL Schmand

Zubereitungszeit: ca. 1 Std. 10 Min.
Pro Person ca.: 326 kcal · 31 g E · 19 g F · 9 g K

KINDERLEICHT

1 Zwiebeln abziehen, halbieren und in Würfel schneiden. Zucchini waschen, in Scheiben schneiden.

2 Hähnchenschenkel mit heißem Wasser abwaschen, mit Küchenpapier trockentupfen, mit Jodsalz und Pfeffer einreiben. Butterschmalz in einem Schmortopf erhitzen, Keulen von beiden Seiten darin kräftig anbraten.

3 Dann Zwiebelwürfel zugeben, Paprikapulver und Jodsalz zufügen, kurz weiterbraten, dann Wasser zugeben. Bei geschlossenem Deckel 30 Min. schmoren lassen. Nach 20 Min. Zucchinischeiben zugeben.

4 Dann Keulen herausheben, in eine Schüssel legen. Haferflocken und Schmand zugeben und kurz aufkochen lassen. Sauce abschmecken und über die Keulen gießen. Mit Spätzle, Nudeln, Kartoffeln oder Klößen zu Tisch geben.

Béchamelsauce

(Bild oben rechts, mit Varianten)

Zutaten für 4 Personen

1 Zwiebel
2 EL Butter
2 EL Mehl
$^1/_4$ l kalte Fleischbrühe
$^1/_4$ l Milch
1 Lorbeerblatt
Jodsalz
frisch gemahlener Pfeffer
geriebene Muskatnuss
1 Schuss Sahne
1 Spritzer Zitronensaft

Zubereitungszeit: ca. 20 Min.
Pro Person ca.: 157 kcal · 3 g E · 11 g F · 10 g K.

GUT VORZUBEREITEN · RAFFINIERT

1 Zwiebel schälen, in feine Würfel schneiden, in der Butter bei schwacher Hitze glasig dünsten. Dann mit Mehl überstäuben und weiterdünsten, bis das Mehl gelblich wird.

2 Vom Herd nehmen (das ist wichtig, sonst klumpt die Schwitze!) und auf einmal die kalte Brühe einquirlen, dann die kalte Milch. Lorbeer, Jodsalz und Pfeffer zugeben und die Béchamelsauce bei schwacher Hitze unter Rühren zum Kochen bringen. Kocht die Sauce erst einmal und ist sie glatt, kann nichts mehr schief gehen.

3 Etwa eine Viertelstunde leise kochen lassen, ab und zu mit dem Schneebesen durchrühren. Dann, wenn gewünscht, durch ein Sieb rühren (so werden die Zwiebelwürfel entfernt). Nochmals aufkochen, mit etwas Sahne und Zitronensaft fein abrunden.

Mit dieser Sauce und ihren Varianten kann man alle Beilagen wie Nudeln, Kartoffeln, Reis, Gnocchi, Polenta, Couscous, Bulgur usw. servieren. Auch Gemüse, Fleisch und Fisch rutschen besser mit diesen Saucen.

Varianten:

Käse-Béchamel (im Bild oben links)
In der fertigen Sauce nach und nach mit einem Schneebesen 100 g geriebenen Hartkäse (z. B. Greyerzer, Gouda, Parmesan) oder entrindeten, würfelig geschnittenen Weichkäse wie Brie oder Edelpilzkäse auflösen.

Tomaten-Béchamel (im Bild unten rechts)
1–2 Tomaten mit kochendem Wasser überbrühen. Haut abziehen, halbieren und entkernen. Das Fruchtfleisch in feine Würfel schneiden. 2 EL Tomatenmark (20 g) und die Würfel zur fertigen Sauce geben und mit Paprikapulver würzen.

Schinken-Béchamel (im Bild Mitte)
150 g gekochten Schinken in feine Würfel schneiden und in der Sauce heiß werden lassen.

Kräuter-Béchamel (im Bild unten links)
Je ein Bund Petersilie, Schnittlauch und Kerbel oder Basilikum waschen, trockenschütteln und fein hacken, Schnittlauch in Röllchen schneiden. In die Sauce geben und mit 2 EL Kräuter-Doppelrahm-Frischkäse einige Min. ziehen lassen.

tipp

Für den Vorrat eignet sich die so genannte »Mehlbutter«. Dazu 30 g Mehl und 30 g weiche Butter mit einer Gabel verkneten. Diese Menge ist aureichend für ca. $^1/_2$ Liter Flüssigkeit. Flüssigkeit aufkochen, Mehlbutter in kleinen Flöckchen zugeben und unter Rühren so lange köcheln, bis sich die Klößchen gelöst haben. Im Kühlschrank hält sich die Mehlbutter ca. 2 Wochen.

info

So wird Sauce gesund gebunden:
Mit Sauce rutscht das Essen besser. Deshalb reicht ein konzentrierter Fond in der Alltagsküche nie! Verlängern heißt die Devise. Dabei ist die Bindung mit Kohlenhydraten von Mehl bis Stärke in jedem Fall fettärmer und für die Alltagsküche besser geeignet als die Bindung durch Crème fraîche oder gar Butter.

Die fettärmste Art der Bindung ist Zugabe von Stärke oder Mehl. Instant, Stärke und Saucenbinder können direkt eingerührt werden, unbehandelte Speisestärke und Mehl müssen vorher mit etwas Wasser klümpchenfrei angerührt und dann unter Rühren zugegeben werden. Stärke bindet schnell und muss höchstens 3 Min. kochen, Mehl sollte mindestens 15 Min. leicht kochen – dann verschwindet der stumpfe Mehl-Geschmack völlig.

Soll die Sauce selber sattmachen, ist eine »angeschwitzte« Mischung aus Fett und Mehl ideal – oder die Zugabe von Mehlbutter. Auch in diesem Fall sollte die Sauce eine Viertelstunde köcheln.

Als Grundsubstanz der Sauce ist Fond, Garflüssigkeit von Gemüse, Instant-Brühen, Milch und Gemüsesaft geeignet. Zum Abrunden sind ein Schuss Sahne, Schmand oder Crème fraîche in Maßen ideal.

Die gesündeste Art der Bindung ist mitgeschmortes, püriertes Gemüse, Instant-Haferflocken oder im Mixer selbst gemahlene Hirse: All dies liefert kein Fett, aber jede Menge Vitamine und Mineralstoffe.

Paprikarahm mit Kürbiskernen

Zutaten für 4 Personen
3 rote Paprikaschoten (ca. 600 g)
30 g Butter oder Margarine
1 TL Paprikapulver, edelsüß
$^1/_4$ l Gemüsebrühe
125 g süße Sahne
50 g Kürbiskerne
40 g Instant-Haferflocken
2 EL Crème fraîche, Soja-Sauce

Zubereitungszeit: ca. 45 Min.
Pro Person ca.: 267 kcal · 8 g E · 21 g F · 13 g K.

KINDERLEICHT · RAFFINIERT

1 Paprikaschoten waschen, halbieren, Stielansatz, Kerne und Zwischenwände entfernen. Zwei Schoten in grobe Würfel schneiden. Fett in einer Kasserolle erhitzen, Paprikawürfel darin anbraten. Mit Paprikapulver würzen und dann mit Gemüsebrühe angießen. Schoten dann etwa 20 Min. lang garen.

2 In der Zwischenzeit übrige Paprikaschote in 5 mm kleine Würfelchen schneiden. Sahne steif schlagen, Kürbiskerne in einer Pfanne ohne Fett leicht anrösten.

3 Die gegarten Paprikaschoten mit dem Pürierstab oder Mixer fein zermusen, dabei Haferflocken und Crème fraîche zufügen. Die Sauce nochmals aufkochen lassen und mit Soja-Sauce würzen.

4 Rohe Paprikawürfel in der Sauce heiß werden lassen, Schlagsahne unterziehen und zum Schluss Kürbiskerne zugeben. Zu Möhren oder Bulgur reichen; schmeckt auch prima zu Kurzgebratenem. Mit einem Pilz – aus einer Pellkartoffel geschnitzt – servieren.

Zucchini-Sauce

Zutaten für 4 Personen
500 g Zucchini
2 Zwiebeln, 1 Knoblauchzehe
1 EL Butter, $^1/_2$ l Milch
150 g Kräuter-Frischkäse
Jodsalz, Pfeffer

Zubereitungszeit: ca 35 Min.
Pro Person ca.: 173 kcal · 11 g E · 10 g F · 10 g K.

PREISWERT · VEGETARISCH

1 Zucchini waschen, Enden abschneiden und Zucchini in grobe Stücke teilen. Zwiebel und Knoblauch schälen und beides hacken.

2 Butter in einem Topf erhitzen, Zwiebel und Knoblauch zugeben und glasig dünsten. Dann Zucchini zugeben, ebenfalls kurz anschwitzen, dann Milch angießen. Deckel auflegen und die Zucchini in 10–15 Min. fertig garen.

3 Gemüse mit dem Pürierstab fein zermusen, Kräuter-Frischkäse unterziehen. Die Sauce wieder erhitzen und mit Jodsalz und Pfeffer abschmecken. Diese Sauce passt gut zu Nudeln, aber auch zu Kartoffeln und Kurzgebratenem.

info

Was Kinder gerne essen

Bei Kindern haben Psychologen und Marktforscher bestimmte Vorlieben und Eigenarten festgestellt:

- Zunächst einmal eine Vorliebe für Süßes, was mit einer Ablehnung von bitteren, ausgeprägten Geschmacksnoten einhergeht.
- Auch das Mundgefühl spielt eine Rolle: wenn es knuspert oder knistert, wenn es bestimmte Berührungsreize im Mund gibt und man damit spielen kann, dann schmeckt's den Kleinen.
- Kinder mögen mehrere Geschmackskomponenten, die aber klar voneinander zu unterscheiden sind: also kein Chaos auf dem Teller, sondern Beilage, Sauce, Fleisch am liebsten schön getrennt.
- Kinder schmecken, riechen, fühlen vielfältiger und empfindsamer als Erwachsene: Sie möchten auf allen Kanälen etwas geboten bekommen.
- Kinder sind Detail verliebt. Deshalb haben es Vollkornprodukte, grünes Gemüse oder Bioäpfel mit Flecken bei Kindern besonders schwer: wenn ihnen eine Kleinigkeit unangenehm auffällt, wird das ganze Gericht abgelehnt.
- Kinder mögen Essmärchen – wer ihnen mit Sesamschnitzel die Geschichte von »Sesam öffne Dich« erzählt, hat gewonnen. So hat z. B. Käpt'n Iglo das Fischstäbchen attraktiv gemacht.
- Was ihre Mütter nicht mögen, das lehnen auch Kinder ab. Trotz aller Werbewirkung hat das Vorbild der Eltern, vor allem der Mutter, immer noch den höchsten Stellenwert – direkt gefolgt von der Clique.

Alles in Einem

Nudelsuppen-Topf

(großes Bild)

Zutaten für 4 Personen:

250 g Möhren
1 Kohlrabi
1 EL Öl
1 1/2 l Gemüsebrühe (Instant)
250 g tiefgekühlte Erbsen
500 g Tomatenstückchen (Tetrapack)
250 g Hörnchennudeln
1 Bund Basilikum
250 g Brät oder feine rohe Bratwürste
geriebene Muskatnuss
1 Kugel Mozzarella (150 g)
Soja-Sauce

Zubereitungszeit: ca. 35 Min.
Pro Portion ca.: 679 kcal · 27 g E · 31 g F · 70 g K

PREISWERT · AUCH FÜR VIELE

1 Das Gemüse waschen, Möhren und Kohlrabi schälen und in Streifen raspeln oder schneiden.

2 In einem hohen Topf Öl erhitzen. Das Gemüse darin andünsten, mit der Brühe ablöschen und die Erbsen, die Tomatenstückchen und die Nudeln zugeben. Zum Kochen bringen.

3 Das Basilikum eventuell waschen, Blättchen abzupfen und die Hälfte sehr fein hacken, den Rest in Streifen schneiden. Das gehackte Basilikum mit dem Brät mischen, zu kleinen Klößchen formen und in die kochende Suppe geben. Suppe insgesamt etwa 10 Min. abgedeckt kochen lassen, bis die Nudeln gar sind.

4 Mit frisch geriebenem Muskat und den Basilikumstreifen würzen. Mozzarella in Würfel schneiden und in einer Terrine mit der heißen Suppe überschöpfen. Nach Gusto Suppe im Teller mit Soja-Sauce abschmecken.

Variante:
Statt Brätklößchen passen auch Fleischwurstwürfel oder Streifen von frischer Putenbrust. Beim Gemüse auf gleiche Garzeiten achten und derbes Gemüse klein schneiden. Variieren können Sie mit Spargel, Zuckererbsen, Lauch und Spitzkohl oder Broccoli.

info

Brühen & Würzsaucen

• Für Instant-Fleischbrühe werden verwendet: Fleisch-, Blutmehle, Knochenbrühextrakt, Rückstände der Fischverarbeitung, Getreidekleber, Sojabohnen, entbitterte Lupinen, Pressrückstände der Speiseölgewinnung. Diese Grundstoffe werden mit Salzsäure gekocht, dann neutralisiert – dabei entsteht Kochsalz. Das Verfahren bei der Herstellung ist aber hygienisch einwandfrei, sodass diese Produkte bedenkenlos verwendet werden können.

• Grundstoffe für Hefebrühen (dazu zählen auch die Gemüsebrühen): entbitterter Zellsaft verschiedener Hefen, der enzymatisch oder durch Kochen mit Salzsäure gewonnen wird (die Brühe wird dann salziger). Hefebrühe kann salzarm sein – sie enthält sehr viel B-Vitamine und wird u.a. in der Diätküche eingesetzt.

• Miso ist die asiatische Form des Brüh-Extraktes auf Soja, Reis- oder Weizenbasis. Reift durch Enzyme (Gärprozess von einigen Monaten bis zu 3 Jahren). Nicht pasteurisiertes Miso enthält Milchsäurebakterien und B-Vitamine. Es gibt auch »Turbo-Miso«, der in 3 Tagen reift, pasteurisiert wird, daher weniger aromatisch und wertvoll ist.

• Soja-Sauce wird ursprünglich aus Sojabohnen, geröstetem Weizen, Hefe und Salzwasser gebraut. 6 Monate Reifezeit, dann Pressung und Pasteurisierung. Auch hier gibt es billige Versionen, die mit Hilfe von Salzsäure gewonnen werden.
Also lieber teure Soja-Sauce aus dem Reformhaus verwenden.

Bouillonfleisch mit Gemüse

(kleines Bild)

Zutaten für 4 Personen

400 g Rouladenfleisch
2 EL Soja-Sauce
1 EL Aceto balsamico oder Apfelessig
2 EL Öl
1–2 rote Paprikaschoten
3 Zucchini (400 g)
1 Dose Mais
1 1/2 l Rindsbouillon (Instant)
6 Scheiben Vollkorntoast
150 g Reibekäse

Zubereitungszeit: ca. 45 Min.
Pro Portion ca.: 425 kcal · 40 g E · 21 g F · 28 g K

GUT VORZUBEREITEN · SCHNELL

1 Das Rouladenfleisch in feine Streifen schneiden und mit Soja-Sauce, Essig und 1 EL Öl marinieren.

2 In der Zwischenzeit das Gemüse waschen. Paprikaschoten von Stiel, Kernen und Zwischenwänden befreien, in kleine Würfel schneiden. Die Enden der Zucchini abschneiden, die Zucchini längs halbieren und dann in Scheiben schneiden, Mais abtropfen lassen.

3 Restliches Öl erhitzen und Gemüse darin andünsten, die Brühe zugeben und 15 Min. bei mittlerer Hitze ziehen lassen. In den letzten 5 Min. Fleisch darin erhitzen. Wenn es länger köchelt, wird es hart.

4 Inzwischen die Toasts mit Käse bestreuen und unter den heißen Grill schieben. Wenn der Käse sich bräunt, die Brotscheiben in Würfel schneiden und auf der Bouillon anrichten.

Sind Geschmacksverstärker schädlich?

Der klassische Geschmacksverstärker Glutamat (= Mononatriumglutamat) besteht aus einer Aminosäure, die aus Weizeneiweiß (Gluten) hergestellt wird. Bei empfindlichen Personen kann sie zu Herzrasen, Schwächegefühl, Kopfschmerzen führen. Wenn Ihr Kind Zöliakie oder eine Weizenallergie hat, kann es ebenfalls mit Unverträglichkeit reagieren. Heute werden auch häufig andere Natriumsalze (E 627, E 631) zugesetzt, die als harmlos gelten. Allerdings: wer an Geschmacksverstärker gewöhnt ist, dem schmeckt oft eine frisch gekochte Brühe »ohne« nicht mehr.

Kartoffelsuppe mit Huhn

(im Bild links unten)

Zutaten für 4–6 Personen

1 Suppenhuhn (etwa 1 kg)
1 Zweig Thymian
1–2 Lorbeerblätter
1/2 TL Pfefferkörner, Jodsalz
1 Bund Suppengrün, 1 Zwiebel
1 kg mehlig kochende Kartoffeln
1 Bund Schnittlauch
200 g Sauerrahm (20 % Fett)

Zubereitungszeit: ca. 1 3/4 Std.
Pro Portion ca.: 466 kcal · 25 g E · 30 g F · 21 g K

GEHALTVOLL · GUT VORZUBEREITEN

1 Das Huhn waschen und mit Thymian, Lorbeerblatt, Pfefferkörnern, etwas Jodsalz und 2 l Wasser in einem hohen Topf aufkochen. Abgedeckt ca. 1 Std. leicht köcheln lassen (im Schnellkochtopf 30 Min.).

2 Inzwischen vom Suppengrün den Lauch waschen und putzen. Die untere Hälfte in sehr feine Ringe schneiden und zur Seite stellen, den Rest in grobere Stücke teilen. Möhren waschen und putzen. Die Hälfte in feine Stifte schneiden, zur Seite stellen und die restlichen Möhren grob zerteilen. Knollensellerie, Zwiebel und Kartoffeln schälen und ebenfalls grob zerkleinern. Fein geschnittenen Lauch und Möhren beiseite legen. Übriges Gemüse zum Huhn geben und ca. 30 MIn. mitgaren.

3 Das Huhn herausheben, das Fleisch von Haut und Knochen befreien, in kleine Stückchen schneiden.

4 Von der Hühner-Gemüse-Brühe möglichst viel Fett abnehmen und sie anschließend im Mixer pürieren, bis eine cremige Suppe entsteht.

5 Den Schnittlauch waschen und in feine Röllchen schneiden. Die Suppe wieder in den Topf zurückgießen, nochmals aufkochen, das fein geschnittene Gemüse, Schnittlauch und die Fleischstückchen zugeben und in der Suppe heiß werden lassen, mit Sauerrahm servieren.

Linsen-Cabanossi-Topf

(im Bild oben rechts)

Zutaten für 4 Personen

1/2 Knolle Sellerie
1 Zwiebel, 2 EL Olivenöl
2 kleine Tomaten
250 g rote Linsen
1 l Gemüsebrühe
Jodsalz, Pfeffer
1 EL Currypulver
Worcestersauce
2–3 EL Crème fraîche
250 g Cabanossi
1 Bund Koriander oder Petersilie

Zubereitungszeit: ca. 30 Min.
Pro Portion ca.: 500 kcal · 23 g E · 27 g F · 39 g K

PREISWERT · SCHNELL

1 Sellerie und Zwiebel schälen und sehr klein würfeln, in Olivenöl anbraten. Dosentomaten dazugeben, Linsen, Gemüsebrühe und Gewürze zugeben und abgedeckt gut 10 Min. köcheln lassen.

2 Mit Jodsalz, Pfeffer, Curry, Worcestersauce und Crème fraîche abschmecken. Cabanossi in Scheiben schneiden und in der Suppe heiß werden lassen.
Koriander oder Petersilie waschen und fein hacken. Kurz vor dem Servieren zur Suppe geben.

info

Schnellkochtopf/Mikrowelle
Beide Garverfahren sind schnell – die Mikrowelle bei kleinen Mengen, der Schnellkochtopf auch bei großen Portionen – und sparen Energie. Sie garen Lebensmittel ebenso schonend wie beim Dünsten bei schwacher Hitze – wenn die Garzeit nicht überschritten wird!

• Der Schnellkochtopf ist ideal für die Familienküche, denn er gart auch große Mengen Fleisch, Kartoffeln, Getreide, Hülsenfrüchte und Gemüse in kürzester Zeit. Eine große Erleichterung für Mütter, die halbtags berufstätig sind! Die Technik des Topfes wurde im Laufe der Jahre so verbessert, dass Explosionen nicht mehr zu befürchten sind. Vorsicht vor Verkochen! Bei Eintöpfen nur Lebensmittel mit gleicher Garzeit garen! Gut geeignet ist der Schnellkochtopf für Kartoffeln in letzter Minute und für Brühen und Fonds, die sonst Stunden kochen müssten. Die Garzeit ist beim Schnellkochtopf unabhängig von der Menge – aber das Ankochen, bis der Druck erreicht ist, dauert bei einem vollen Topf natürlich länger.

• Die Mikrowelle gart schnell und schonend. Auch hier muss man genau auf die Zeit achten! Bei großen Mengen verlängert sich die Garzeit: doppelte Menge bedeutet auch doppelte Garzeit!
Sie ist jedoch ideal zum Auftauen und zum Erwärmen von kleinen Mengen – vor allem von Gemüse und Fisch. Das Misstrauen gegenüber der Mikrowelle konnte bisher nicht bestätigt werden: Sie erlaubt ein gesünderes Garen als die Fritteuse, der Grill oder die Pfanne. Das ist ein großes Plus.
Wer später nach Hause kommt, kann sich ein Tellergericht mit Resten aus dem Kühlschrank (!) in der Mikrowelle aufwärmen. Dabei aber so erhitzen, dass das Gericht einmal aufkocht – sonst können sich Keime entwickeln.

Lammragout

(großes Bild)

Zutaten für 4 Personen:

500 g Lammschulter
1 Zwiebel, 1 Knoblauchzehe
1–2 EL Olivenöl
2 EL Tomatenmark
1 TL Kräuter der Provence
Jodsalz, Pfeffer
$^{1}/_{4}$ l Fleischbrühe
250 g Champignons
750 g Kartoffeln
2 EL Kräuter-Crème-Fraîche

Zubereitungszeit: ca. 1 $^{1}/_{2}$ Std.
Pro Portion ca.: 426 kcal · 26 g E · 25 g F · 24 g K

GUT VORZUBEREITEN · RAFFINIERT

1 Lammfleisch in 2 cm große Würfel schneiden. Zwiebel und Knoblauch pellen und fein hacken. Olivenöl in einem hohen Topf erhitzen und Zwiebel und Knoblauch darin glasig dünsten. Fleisch zugeben und von allen Seiten braun anbraten. Sobald es ansetzt, mit Kräutern, Jodsalz und Pfeffer würzen und mit Brühe ablöschen.

2 Ragout bei geschlossenem Deckel ca. 1 $^{1}/_{4}$ Std. schmoren lassen. Inzwischen Champignons und Kartoffeln waschen und putzen. Kartoffeln schälen und in 2 cm große Würfel schneiden. Große Champignons in Scheiben oder Viertel schneiden, kleine ganz lassen. Nach ca. 1 Std. Garzeit zum Lammragout geben. Champignons ganz zum Schluss zugeben und alles noch ca. 5–10 Min. garen lassen. Crème fraîche unterziehen und mit Gewürzen nochmals abschmecken. Reichen Sie dazu noch in Butter gebratene Toast-Bären oder andere aus Toast ausgestochene Formen, die mit Tomatenmark verziert werden.

Zucchini-Pfanne

(kleines Bild)

Zutaten für 4 Personen

400 g Zucchini
1 Zwiebel
1 Knoblauchzehe
1 EL Olivenöl
100 ml Gemüsebrühe
300 g Hartweizen-Nudeln ohne Ei
Jodsalz, 250 g Kirschtomaten
50 g Kürbiskerne
Pfeffer
$^{1}/_{2}$ Bund Petersilie

Zubereitungszeit: ca. 45 Min.
Pro Portion ca.: 378 kcal · 16 g E · 10 g F · 59 g K

OHNE MILCH UND EI · FETTARM

1 Die Zucchini waschen, Enden abschneiden. Von den Zucchini mit dem Kartoffelschäler dünne, lange Streifen abhobeln. Zwiebel und Knoblauch schälen und fein hacken. In dem heißen Olivenöl in einer großen Pfanne mit Deckel anbraten, dann die Zucchini zugeben und kurz mitdünsten.

2 Die Gemüsebrühe zu den Zucchini geben, den Deckel auflegen und das Gemüse in etwa 8 Min. bissfest garen.

3 Währenddessen die Nudeln in kochendem Jodsalzwasser mit 1 Schuss Öl ebenfalls bissfest garen. Die Nudeln in ein Sieb schütten, kalt abschrecken und gut abtropfen lassen.

4 Die Tomaten waschen, Stiele entfernen. Die Kirschtomaten 2 Min. vor Garzeitende zu den Zucchini geben, mitdünsten. Die Kürbiskerne und die Nudeln unterziehen, alles kräftig anbraten und mit den Gewürzen abschmecken. Die Petersilie waschen, trockenschütteln, fein hacken und darüber streuen.

info

Vorkochen – Einfrieren – Aufwärmen – Warmhalten

Zwischen Kochen und Essen liegen manchmal Minuten, Stunden, Tage oder Wochen. Wie die Lebensmittel in dieser Zeit behandelt werden, entscheidet über ihre Bekömmlichkeit.

• Rohware einzufrieren lohnt sich heute, im Zeitalter der Tiefkühl-Heimdienste kaum.
Aber gleich zwei Portionen zu kochen und die Hälfte einzufrieren, ist gerade bei kleinen Familien ideal. Auch wenn sich Kinder ab und zu selber versorgen müssen, hilft eine Portion aus dem Tiefkühlfach. Die Lagerfähigkeit wird dabei vom Fettgehalt begrenzt: fette Lebensmittel sollten deshalb höchsten 6–8 Wochen im Eis liegen – luftdicht verpackt.
Aufgetaut und erhitzt wird am besten in der Mikrowelle. Je schneller dieser Vorgang beendet ist, desto besser für die Vitamine. Langsames Auftauen dagegen fördert den Abbau wertvoller Substanzen und die Vermehrung von Keimen.

Falls Sie zu einer der Familien gehören, die häufig in Etappen essen müssen, sollten Sie auf keinen Fall die Gerichte warm halten. Beim Warmhalten ist der Vitaminverlust der Speisen am größten. Außerdem entwickeln sich bei Temperaturen zwischen 30 und 60° Keime wirklich explosionsartig.
Kühlen Sie das Essen lieber möglichst schnell ab. Größere Mengen luftdicht abgedeckt auf Zimmertemperatur abkühlen lassen und dann in den Kühlschrank stellen.

Beim Aufwärmen darauf achten, dass das Essen einmal aufkocht – am schonendsten sicher in der Mikrowelle. (Siehe auch Seite 68 und 74) Aber auch Wok und Pfanne sind geeignet.

Braucht mein Kind ein warmes Essen?
Kalte Küche heißt in erster Linie »belegtes Brot«, während bei der warmen Mahlzeit Gemüse, Fleisch, Fisch, Ei, Kartoffeln und Getreide verarbeitet werden. Und darin sind viele wertvolle Nährstoffe wie Eiweiß, Mineralstoffe und Vitamine in hoher Konzentration pro Kalorie enthalten. Auf der Gefühlsebene vermittelt ein warmes Essen aber auch emotionale Wärme, Zuwendung, Gemeinschaft. Diese Mahlzeit wird ja auch zusammen gegessen – sonst wird »der Teller kalt«. Deshalb sollten Sie unbedingt 1–2-mal täglich ein warmes Essen anbieten – ob mittags oder abends – das ist vom Gesundheitsstandpunkt nebensächlich.

Nudelauflauf mit Tomatensauce

(großes Bild)

Zutaten für 4 Personen

Für den Auflauf:
300 g Penne
Jodsalz
30 g weiche Butter, 30 g Mehl
$^{1}/_{4}$ l Fleischbrühe
$^{1}/_{4}$ l Milch
1 Msp. geriebene Muskatnuss
1 Msp. Pfeffer
100 g Fetakäse
100 g gekochter Schinken
300 g Broccoli
250 g Mozzarella
Für die Sauce:
1 Zwiebel
2 EL durchwachsener Speck in Würfeln
1 EL Tomatenmark
1 kleine Dose Tomaten
1 Msp. Pfeffer

Zubereitungszeit: 1 Std. 20 Min.
Pro Portion ca.: 771 kcal · 39 g E · 36 g F · 75 g K

RAFFINIERT · GUT VORZUBEREITEN

1 Nudeln in einem Topf mit Jodsalzwasser bissfest garen. Dann die Nudeln abgießen und gut abschrecken. Mit einer Gabel Butter und Mehl miteinander verkneten. Daraus kleine Klößchen formen. In einem Topf Fleischbrühe mit der Milch aufkochen, mit Muskat, 1 TL Jodsalz und Pfeffer würzen. Mehlbutterklößchen hinzufügen und so lange bei schwächster Hitze köcheln lassen, bis sich die Klößchen aufgelöst haben.

2 Fetakäse zerkrümeln, Schinken in Würfel schneiden. Broccoli waschen, Stiele in kleine Würfel schneiden, Röschen in mundgerechte Häppchen teilen.

3 Die Nudeln mit der Sauce, dem Feta, den Schinkenwürfeln und den Broccoli mischen und alles in eine gefettete Auflaufform geben. Nudeln flach drücken. Mozzarella in Scheiben auf dem Auflauf verteilen. Im heißen Backofen bei 180° etwa 40 Min. goldbraun backen.

4 Inzwischen die Zwiebel für die Sauce schälen und würfeln. Speck in einer Pfanne auslassen, Zwiebeln zufügen und mitbraten. Tomatenmark zugeben. Mit Dosentomaten ablöschen und mit Jodsalz und Pfeffer abschmecken. Ca. 15 Min. köcheln lassen. Zum Auflauf reichen. Zum Anrichten kann man lustige Tomatenköpfe (verziert mit Mayonnaise und Kresse) auf jede Portion setzen.

info

Kleine Nudelkunde
Egal, ob gebogen, gedreht oder röhrenförmig: Nudeln sind auch in ihrer Zusammensetzung äußerst vielseitig!

Ideal für Ei-Allergiker ist die italienische Pasta aus Hartweizengrieß. Sie enthält nur Grieß, Wasser und Salz. Pastas haben einen festen Biss und sind kalorien- und fettärmer als Eiernudeln.

Eiernudeln wurden ursprünglich aus Weichweizen hergestellt, der das Ei zur Bindung braucht und haben bei uns in Deutschland eine lange Tradition. Wer jedoch einen erhöhten Cholesterinspiegel hat, sollte lieber auf Pasta zurückgreifen.

Vollkornnudeln schmecken nussig-kernig, enthalten viele Ballaststoffe, Vitamine und Mineralstoffe, sind aber bei Kindern leider meist nicht so beliebt. Versuchen Sie sie mit den hellen Nudeln zu mischen. Für all diejenigen, die Ei und Weizengrieß nicht vertragen, stellen die Glas- oder Reisnudeln eine gut verträgliche Alternative dar. Reisnudeln werden aus Reismehl, Glasnudeln meist aus Mungobohnenmehl hergestellt (Achtung – manchmal auch aus Weizen).

Spinat-Lasagne

(kleines Bild)

Zutaten für 4 Personen

1 kg Blattspinat oder 600 g TK-Spinat
Jodsalz, Pfeffer, geriebene Muskatnuss
300 g Magerquark
200 ml Milch, 200 g süße Sahne
150 g geriebener Gouda
1 TL Öl, ca. 250 g Lasagneblätter

Zubereitungszeit ca.: 1 Std. 10 Min.
Pro Portion ca.: 508 kcal · 32 g E · 18 g F · 54 g K

VEGETARISCH · FÜR VIELE

1 Den Spinat putzen, in mehreren Portionen in reichlich kochendem Jodsalzwasser 2 Min. aufkochen, dann herausheben, mit Pfeffer und Muskatnuss würzen. TK-Spinat auftauen lassen. Inzwischen Magerquark mit Milch, Sahne, der Hälfte des Käses, Jodsalz, Pfeffer und geriebener Muskatnuss zu einer würzigen Creme verrühren.

2 Den Backofen auf 200° vorheizen. Eine Auflaufform (1,5 l Inhalt) mit dem Öl einfetten. Einige Löffel Spinat auf dem Boden verteilen, eine Lage Lasagneblätter darauf legen. Diese mit Quarkcreme bestreichen, Spinat darüber löffeln und wieder Lasagne einlegen. Diese mit Quark bestreichen und so fort, bis die Quarkcreme verbraucht ist.

3 Die oberste Schicht Spinat mit dem restlichen Käse bestreuen. Alle Lasagneblätter sollten gut bedeckt und von reichlich Belag umgeben sein. Bei Bedarf noch etwas Milch oder Sahne angießen – die Nudelblätter saugen viel auf! Den Auflauf in den heißen Backofen schieben und 35 – 40 Min. backen. Jede Portion nach Belieben mit einem ausgestochenen Stern, Mond oder Hasen aus Gouda garnieren.

Wie gesund ist Spinat?
Allen Unkenrufen zum Trotz: Spinat ist ein sehr eisenreiches Gemüse (Seite 33). Gleichzeitig enthält er aber auch Oxalsäure wie Rhabarber, das den stumpfen Geschmack auf den Zähnen erzeugt. Oxalsäure bindet Calcium – deshalb zu Spinat immer Milchprodukte verzehren! Nitratreich ist vor allem Treibhausspinat. Tiefkühlspinat und Freilandware sind unbedenklich, wenn sie frisch zubereitet und nicht aufgewärmt oder warm gehalten werden. Darüber hinaus liefert Spinat jede Menge Beta-Karotin, Vitamin K zur Knochenbildung, Folsäure und alle anderen B-Vitamine!

Gebratener Reis, asiatisch

(im Bild links)

Zutaten für 4 Personen

300 g parboiled Reis
Jodsalz
300 g Möhren
1 kleiner Chinakohl oder Mangold
2–3 Frühlingszwiebeln
2 Knoblauchzehen, 1 cm Ingwerwurzel
200 g rohes Kasseler ohne Knochen, in $^{1}/_{2}$ cm dicken Scheiben
2 EL Öl, 1–2 EL Sesamsamen
Soja-Sauce, Pfeffer
1 Msp. gem. Zitronengras (Asienladen)

Zubereitungszeit: ca. 40 Min.
Pro Portion ca.: 250 kcal · 14 g E · 16 g F · 24 g K

KINDERLEICHT · OHNE MILCH UND EI

1 Reis in einem Topf erwärmen, mit 400 ml Wasser aufkochen, 2 TL Jodsalz zugeben und alles bei schwacher Hitze 20 Min. ausquellen lassen.

2 Das Gemüse waschen. Möhren schälen und in Streifen schneiden. Chinakohl streifig schneiden, Knoblauch abziehen und fein würfeln, Ingwer schälen und sehr fein hacken. Frühlingszwiebeln putzen und in feine Ringe schneiden. Kasseler in kleine Würfel schneiden.

3 In einem Wok oder einer Pfanne das Öl erhitzen. Kasseler mit Sesam darin nicht zu scharf anbraten. Dann alle Gemüsezutaten zufügen und unter ständigem Rühren etwa 8 Min. bei starker Hitze braten. Mit Soja-Sauce, Pfeffer und Zitronengras würzen. Zum Schluss Reis hinzufügen, heiß braten und nochmals abschmecken. Mit einem Lauch-Igel (dazu ein Stück Lauch streifig einschneiden) garnieren.

Risotto

(im Bild rechts)

Zutaten für 4 Personen

1 Zwiebel, 1 Knoblauchzehe
je 1 rote und 1 gelbe Paprikaschote
2 EL Olivenöl
100 g geröstete Erdnüsse oder Cashewnüsse
250 g Rundkornreis
$^{1}/_{4}$ TL Rosmarin
2 EL Tomatenmark
$^{1}/_{4}$ l Instant Gemüsebrühe
$^{1}/_{2}$ l Möhrensaft
Jodsalz, Pfeffer

Zubereitungszeit: ca. 40 Min.
Pro Portion ca.: 442 kcal · 12 g E · 17 g F · 57 g K

OHNE MILCH UND EI · RAFFINIERT

1 Zwiebel und Knoblauch schälen und fein würfeln. Paprikaschoten waschen, halbieren, Kerne entfernen und in Würfel schneiden.

2 Öl in einem Topf erhitzen. Nüsse, Zwiebeln, Knoblauch und Paprika darin andünsten. Reis zugeben und kurz mitdünsten, bis er glasig ist. Rosmarin und Tomatenmark hinzufügen. Mit nur so viel Brühe und Möhrensaft ablöschen, bis der Reis bedeckt ist, dabei ständig weiterrühren.

3 Sobald die Flüssigkeit verdampft ist, wieder Brühe und Möhrensaft hinzufügen und leise köchelnd weitergaren. Nach etwa 20 Min. ist der Reis gar, mit Jodsalz und Pfeffer abschmecken.

Variante:

- Statt Erdnüssen durchwachsenen Speck anbraten.
- Oder statt Erdnüssen am Ende der Garzeit 80 g frisch geriebenen Parmesan und 100 g süße Sahne unterziehen.
- Anstatt Paprikas, Tomatenmark und Rosmarin 500 g frische Pilze putzen, in Scheiben schneiden, zum Reis geben und mit gehackter Petersilie verfeinern.
- Eine milde Variante: statt Öl Butter nehmen, statt Paprika je 200 g Erbsen und 200 g Maiskörner und statt Erdnüssen gekochten Schinken verwenden, mit Sahne abschmecken.

info

Kochen mit dem Wok

Der Wok ist ein große Pfanne mit rundem Boden, die in Asien das Gargerät schlechthin ist. Anders als bei der Pfanne wird seine ganze Innenfläche zum Garen genutzt. Alle Zutaten werden vorher klein geschnitten und unter ständigem Rühren bei großer Hitze mehr gebraten als gedünstet. Dabei wird nur wenig Fett verwendet. Die Zutaten bleiben knackig.

Durch die kurze, aber kräftige Garzeit bleiben Vitamine gut erhalten, die Mineralstoffe werden nicht ausgeschwemmt. Zu groß sollte die Portion im Wok allerdings nicht sein, sonst beginnt der Pfanneninhalt Saft zu ziehen und zu kochen. Für die schnelle, gesunde Küche ist der Wok ideal. Und: Sie können Ihrem Kind auch einmal eine Extra-Pfanne braten!
Spätheimkehrer müssen sich nichts aufwärmen, sondern jeder kann seine noch rohe Portion aus dem Kühlschrank im Wok zubereiten.

Typisch asiatische Zutaten

Den typisch asiatischen Geschmack liefern für viele Gerichte Ingwer und Zitronengras. Ingwer können Sie frisch als Knolle kaufen und im Kühlschrank lange aufbewahren. Er wirkt magenstärkend und anregend auf die Verdauung: das tut auch Kindern gut. Zitronengras kann getrocknet werden und wird dann verwendet wie Lorbeer. Sie können auch erfrischenden Tee daraus kochen. Ingwer und Zitronengras gibt es auch getrocknet als Gewürzpulver.

Kartoffel-Gratin mit Möhren und Bohnen

Zutaten für 4 Personen
300 g grüne Bohnen
500 g Möhren
800 g Kartoffeln
Kräutersalz
1 EL Butter oder Margarine
400 ml Milch
200 g süße Sahne
150 g Mozzarella

Zubereitungszeit: 1 $^1/_2$ Std.
Pro Person ca.: 394 kcal · 17 g E · 19 g F · 38 g KH

VEGETARISCH · GUT VORZUBEREITEN

1 Die Bohnen waschen und die Enden abzwicken, dabei – falls vorhanden – die Fäden mit abziehen. Möhren und Kartoffeln waschen und schälen. Beide Gemüsesorten getrennt voneinander mit der Küchenmaschine in dünne Scheiben schneiden. Das Gemüse leicht mit dem Kräutersalz bestreuen.

2 Eine flache, runde Auflaufform mit einem Durchmesser von etwa 26 cm oder mehrere kleine Formen mit dem Fett einpinseln. Die Kartoffeln, Möhren und die Bohnen dicht an dicht einschichten und fest drücken.

3 Backofen auf 180° aufheizen. Milch mit Sahne mischen, würzen und über den Auflauf gießen – das Gemüse sollte fast bedeckt sein. Gratin in die mittlere Schiene des heißen Ofens schieben und etwa 45 Min. backen.

4 Mozzarella in kleine Würfel oder Scheiben schneiden. 20 Min. vor Ende der Backzeit den Käse auf dem Gratin verteilen und fertig backen.

Polenta-Tomaten

Zutaten für 4 Personen
Für die Form:
8 große Tomaten
300 ml Milch, ca. 400 ml Gemüsebrühe
200 g Maisgrieß
Jodsalz, Pfeffer
200 g Schmand
60 g frisch geriebener Parmesan
1 EL Butter und 1 TL Butter für die Form

Zubereitungszeit: ca. 1 Std. 10 Min.
Pro Person ca.: 450 kcal · 15 g E · 22 g F · 48 g KH

VEGETARISCH · PREISWERT

1 Tomaten waschen, Kappe abschneiden und dann die Kerne samt Zwischenwänden mit einem Löffel herausheben, aufheben.

2 Backofen auf 180° vorheizen. Milch mit der Gemüsebrühe in einem Topf zum Kochen bringen, Maisgrieß unter Rühren einlaufen lassen. Mit Jodsalz und Pfeffer würzen und unter Rühren in etwa 2 Min. dick kochen lassen. Dann vom Herd ziehen.

3 Schmand ebenfalls salzen und pfeffern, die Hälfte für die Füllung bereit halten, den Rest beiseite stellen. Jede Tomate zur Hälfte mit Maisgrieß füllen, 1 Teelöffel Schmand darauf geben und mit einem Teelöffel Parmesan bestreuen. Dann mit Maisgrieß abdecken und wieder mit Parmesan bestreuen. Jeweils ein Butterflöckchen obenauf setzen.

4 Die Tomaten in eine gefettete, feuerfeste Form setzen. Die Tomatenreste klein schneiden, mit dem restlichen Schmand vermengen, nochmals abschmecken und ebenfalls in die Form geben. Ist Polenta übrig, als Nockerln dazwischensetzen. Die Tomaten in den heißen Backofen schieben und 25 Min. überbacken.

info

Wenn Kinder kein Gemüse mögen
Gemüse ist besonders reich an Vitaminen, Mineral- und Ballaststoffen. Außerdem enthält es besonders viel bioaktive Substanzen: Sie sorgen für gesunde Abwehrkräfte, schützen vor Umwelteinflüssen und beugen verschiedenen Zivilisationskrankheiten vor. Dieser Nährstoffmix ist in Zeiten des Wachstums besonders wichtig: Zellen, die sich teilen, sind besonders störanfällig. Mit Kartoffeln und reichlich Obst können Sie das Gemüse (zum Teil) ersetzen. Oft mögen Kinder etwas Gemüse roh zum Knabbern lieber als gekocht – das wiegt die doppelte Menge Gekochtes auf. Oder verstecken Sie ab und zu püriertes Gemüse in Saucen und Gratins.
Vor allem: Geben Sie nicht auf. Essen Sie selber das Gemüse, was Ihnen schmeckt, lassen Sie Ihr Kind immer probieren.

Nachtisch

Stracciatella-Pudding
(im Bild links)

Zutaten für 4 Personen

50 g Speisestärke
$^1/_2$ l Milch
40 g Zucker
1 Päckchen Vanillezucker
250 g Sahnequark
2–3 EL Schokoladenflocken
250 g Erdbeeren

Zubereitungszeit: ca. 20 Min.
Kühlzeit: ca. 20 Min.
Pro Portion ca.: 350 kcal · 14 g E · 15 g F · 39 g K

GEHALTVOLL · KINDERLEICHT

1 Speisestärke mit 2 EL Milch verrühren. Die restliche Milch mit Zucker und Vanillezucker zum Kochen bringen. Die angerührte Stärke unterrühren und alles 2 Min. kochen lassen, in eine Schüssel füllen.

2 Den Sahnequark aufschlagen, unter den Pudding rühren, kalt stellen. Die Schokoladenflocken ins Tiefkühlfach geben.

3 Erdbeeren waschen, putzen, in mundgerechte Stücke schneiden und zuckern.

4 Wenn der Pudding kalt ist, die gefrorenen Flocken behutsam unterziehen. Pudding in eine Schüssel füllen und mit den Beeren auftischen.

Hinweis:
Den Pudding nicht zu lange stehen lassen – die Schokolade beginnt sich sonst zu lösen. Wer keine Schokoflocken im Haus hat, kann auch 4 Riegel Schokolade erst anfrieren, dann hacken oder raspeln.

Beeren-Schichtspeise
(im Bild rechts)

Zutaten für 4–6 Personen

1 kg Nektarinen
250 g Blaubeeren oder andere Beeren
4 EL Orangensaft
2–3 EL Agavendicksaft (ersatzweise Zucker)
1 Prise Zimt
125 g süße Sahne
1 Tüte Sahnesteif
2 EL Zucker
500 g Maracuja-Joghurt
125 g Löffelbiskuit (am besten vom Bäcker)
Zitronenmelisse

Zubereitungszeit: ca. 35 Min.
Bei 6 Personen pro Portion ca.: 304 kcal · 6 g E · 7 g F · 54 g K

SCHNELL · RAFFINIERT

1 Die Nektarinen waschen, in Spalten vom Stein schneiden. Die Beeren waschen, abtropfen lassen. Die Früchte mit einer Mischung aus Saft, Dicksaft und Zimt beträufeln.

2 Die Sahne steif schlagen, mit Sahnesteif und Zucker unter den Joghurt heben. In eine Schale (3 l Inhalt) immer eine Schicht Biskuit, Früchte mit Saft und Joghurtsahne einschichten, mit Joghurtsahne enden.

3 Oberfläche mit Nektarinenspalten, Blaubeeren und Zitronenmelisse garnieren und kalt stellen.

Variante:
Wenn Sie die Speise stürzen wollen, 6 Blatt Gelatine einweichen, nach Packungsaufschrift auflösen und unter den Joghurt mischen.

info

Alles was süß macht
Zucker enthält reine Kohlenhydrate – sonst nichts. In Maßen verwendet hat er keine nachteiligen Wirkungen. Aber es gibt noch andere Süßungsmittel.

Traubenzucker hat nur die halbe Süßkraft wie Zucker, löst sich gut in kalten Getränken und wird von darmempfindlichen Kindern gut vertragen. Kein Vorteil gegenüber Zucker!

Fruchtzucker wird langsamer umgesetzt, ist deshalb für Diabetiker günstig. Vom Nährwert her hat er keine Vorteile.

Milchzucker hat nur 27 % der Süßkraft von Zucker, regt die Darmflora an und wirkt leicht abführend. Bei Darmträgheit günstig, sonst kein Vorteil gegenüber Zucker.

Vollrohrzucker ist reich an Mineralstoffen, enthält B-Vitamine und hat einen kräftigen, karamellartigen Geschmack und weniger Süßkraft.

Apfeldicksaft (eingedickter Apfelsaft), hat karamellartigen, säuerlichen Geschmack und eine dunkle Farbe. Enthält Mineralstoffe konzentriert, mäßig B-Vitamine und Vitamin C. Passt zu säuerlichen Süßspeisen und Getränken – bringt Milch zum Gerinnen.

Ahornsirup, Saft des Ahornbaumes, ist nicht bearbeitet, reich an Mineralstoffen und organischen Säuren, hat einen milden Eigengeschmack. Wegen empfindlicher Inhaltsstoffe am besten kalt verwenden.

Honig ist reich an Mineralstoffen, Enzymen, Aromastoffen und Vitaminen. Deshalb am besten unerhitzt verwenden.

Agavendicksaft wird aus der Agave gewonnen, ist mineralstoffreich und hat kaum Eigengeschmack. Toll für Getränke und Süßspeisen, weil er sich sehr gut löst (wir verwenden ihn in vielen Rezepten).

Süßstoffe: Acesulfam, Aspartam, Cyclamat, Neohesperidin DC, Saccharin, Thaumatin sind gesetzlich zugelassen und getestet. Machen keine Karies, könnten aber zu einer Gewöhnung an starken Süßgeschmack führen.

Grießpudding mit Erdbeersauce

(großes Bild)

Zutaten für 4 Personen

600 ml Milch
1 Päckchen Vanillezucker
3 EL Zucker
1 Prise Jodsalz
60 g Weizengrieß
250 g Erdbeeren oder Kirsch- bzw. Pflaumenkompott
2–3 EL Honig oder Agavendicksaft

Zubereitungszeit: ca. 20 Min.
Kühlzeit: ca. 2 Std.
Pro Portion ca.: 252 kcal · 7 g E · 6 g F · 44 g K

SCHNELL · FETTARM

1 Die Milch mit Vanillezucker, Zucker und Jodsalz zum Kochen bringen. Den Grieß einstreuen und unter Rühren in etwa 3–4 Min. dick kochen. Etwas abkühlen lassen.

2 Eine Puddingform oder Schüssel mit ca. 1,2 l Inhalt oder kleine Plastikförmchen (gibt's im Supermarkt, gefüllt mit Fertig-Pudding. Aufheben und wieder verwenden.) mit kaltem Wasser ausschwenken, die Creme hineinfüllen, glatt streichen und kalt stellen. Frühestens nach dem völligen Erkalten stürzen.

3 Zwei Drittel der Erdbeeren waschen, putzen und mit Honig oder Dicksaft pürieren, über den Pudding gießen, mit restlichen Früchten garnieren.

Formen zum Stürzen
Am besten eignen sich Metallformen, weil sie die Kälte gut leiten und der Pudding dadurch schnell abkühlt. Früher stellte man ihn dazu ins kalte Wasserbad. Den Inhalt einer Form misst man, indem man sie mit Wasser füllt und dieses dann in einen Messbecher abgießt.

Quarkcreme mit Eis

(kleines Bild)

Zutaten für 4 Personen

4 frische Datteln
2 süße Äpfel
400 g Erdbeeren
2 EL Rosinen
2 EL gehackte Pistazien (ersatzweise Mandeln)
500 g Magerquark
4 Kugeln Erdbeer-Eiscreme

Zubereitungszeit: ca. 15 Min.
Pro Portion ca.: 285 kcal · 20 g E · 6 g F · 37 g K

SCHNELL · GEHALTVOLL

1 Die Datteln schälen, den Kern entfernen und die Früchte in kleine Würfel schneiden. Den Apfel waschen, achteln und das Kerngehäuse entfernen. Die Achtel quer in feine Scheiben schneiden. Die Erdbeeren waschen, putzen und vierteln.

2 Die Dattel-, Erdbeer- und Apfelstückchen mit den Rosinen, den Pistazien und dem Quark verrühren. Das Eis zufügen und unterziehen, bis die Speise cremig wird. Sofort zu Tisch geben.

info

Kinder-Lebensmittel
Das Forschungsinstitut für Kinder-Ernährung hat spezielle Kinderlebensmittel untersucht. Kleinkinderlebensmittel für das Alter von 1–3 Jahren unterliegen wie Säuglingsnahrung der Diätverordnung, die strenge Werte für Rückstände und Schadstoffe festlegt. Sie orientieren sich an der Säuglings-Ernährung und verfehlen damit ihr Ziel. Denn Kleinkinder sollen und können am normalen Familienessen teilnehmen.

Kinderlebensmittel, die nicht für die ersten 3 Jahre ausgewiesen sind, unterliegen keinerlei Bestimmungen. Sie finden sich vor allem bei folgenden Lebensmittelgruppen:
- Milchprodukte wie Fruchtjoghurts, Milchmixe, Fruchtquark
- Brotbelag wie Nuss-Nougat-Creme und Wurst
- Süßigkeiten wie Riegel, Schokolade, Vitamin-Bonbons
- Frühstücks-Cerealien wie Knusperflakes
- Gebäck wie Kekse und Zwieback
- Getränke wie Calcium angereicherte Säfte, Multivitaminsäfte, Limonaden
- Fertiggerichte wie Nudeln und Pizza

Die Untersuchungen ergaben, dass diese Kinderlebensmittel häufig mehr Zucker und mehr Fett enthalten als »normales« Essen. Wo hoher Milchgehalt ausgelobt wurde, fanden sich nur Magermilchpulver, Süßmolkenpulver, Butterreinfett oder gezuckerte Kondensmilch. Der Anteil an Zusatzstoffen (Seite 102) ist meist höher als in Vergleichsprodukten. Kinderlebensmittel sind meist mit Vitaminen und Mineralstoffen angereichert, und zwar so beliebig und unsystematisch, daß es zu extremer Über- und Unterversorgung kommen kann, wenn Kinder viel davon essen. Aufwendige Verpackung und relativ hohe Preise sind zusätzliche Nachteile.
Fazit: Ab dem 1. Lebensjahr können und sollen Kinder am Familienessen teilnehmen. Schlichte Zwischenmahlzeiten wie Obst, Joghurt und Brot sind weitaus gesünder als Kindersnacks.

Brauchen Kinder Süßes?

Nein. Kinder brauchen Kohlenhydrate (Seite 44), aber die bekommen sie am besten durch Getreide, Obst und Gemüse. Doch eine natürliche Vorliebe für Süßes scheint zumindest Babys angeboren zu sein, während sie Bitteres, Saures ablehnen. Vielleicht schützte ursprünglich diese Vorliebe vor Vergiftungen. Heute ist die Süßgewöhnung sehr hoch, denn stark gesüßte, attraktive Naschereien sind billig und überall zu haben. Deshalb sind Alternativangebote wichtig – damit die ganze Geschmacksbreite von Apfelsüße über Honig bis Körnersüße nicht verloren geht.

Rote Grütze

(großes Bild)

Zutaten für 4 Personen

250 g Himbeeren
250 g rote Johannisbeeren
oder Erdbeeren
3 EL Zucker
1 kleines Glas Sauerkirschen
(340 ml Inhalt)
60 g Speisebinder ohne Kochen
Schlagsahne nach Belieben
Zitronenmelisse zum Verzieren oder
gehackte Pistazien nach Wunsch

Zubereitungszeit: ca. 45 Min.
Kühlzeit: ca. 30 Min.
Pro Portion ca.: 163 kcal · 2 g E · 1 g F · 36 g K

GUT VORZUBEREITEN · AUCH FÜR VIELE

1 Die Beeren mit dem Zucker bestreuen und 30 Min. ziehen lassen. Den Sauerkirschsaft abmessen, mit Beerensaft auf $^1/_4$ l auffüllen. Mit dem Speisebinder ohne Kochen verrühren. Beeren unterheben.

2 Eine Schüssel (1 l Inhalt) mit kaltem Wasser ausschwenken. Beerenmasse hineinfüllen und kalt stellen. Dazu gibt's nach Gusto Sahne! Verziert wird mit Zitronenmelisse und evtl. mit gehackten Pistazien.

Variante:
Wenn Sie die Grütze für ein Fest stürzen wollen, müssen Sie sie mit Gelatine zubereiten. Weichen Sie 6–8 Blatt Gelatine in kaltem Wasser ein. Tropfnass unter Rühren in einem Topf auflösen. 1–2 EL Kirschsaft zugeben, dann unter den restlichen Saft rühren, mit den Beeren mischen.

Zitronencreme mit Winterobst

(kleines Bild)

Zutaten für 4 Personen

1 unbehandelte Zitrone
80 g Gelierzucker
200 g Mascarpone
200 g Magerquark
1 Sternfrucht
200 g Kapstachelbeeren

Zubereitungszeit: ca. 15 Min.
Kühlzeit: ca. 40 Min.
Pro Portion ca.: 367 kcal · 10 g E · 23 g F · 25 g K

RAFFINIERT · GUT VORZUBEREITEN

1 Die Zitrone heiß waschen. Die Schale dünn abreiben, den Saft auspressen, beides mit dem Gelierzucker in einem Topf verrühren. Zum Kochen bringen und etwa 5 Min. kochen lassen, dann kalt stellen.

2 Ist der Zitronensaft abgekühlt, Mascarpone und Quark cremig schlagen, dann das Zitronengelee unterrühren. Das Obst waschen und in Scheiben schneiden. Creme dekorativ auf vier Teller verteilen – am schönsten mit einem Spritzbeutel. Das Obst daneben anrichten.

Variante:
Wenn es sehr schnell gehen soll, den Zitronensaft samt -schale und normalem Haushaltszucker unter die Creme ziehen – sie wird dann nicht so fest und läßt sich nicht in Form spritzen.

info

Alles was fest macht
Um Süßspeisen löffeln zu können, müssen sie erst Struktur bekommen. Dafür gibt es eine Menge Hilfsmittel:

Speisestärke wird vorwiegend aus Kartoffeln oder Mais hergestellt und besteht zu 100 % aus Kohlenhydraten. Sie muss kalt angerührt werden, etwa 2 Minuten kochen und erstarrt beim Erkalten. Bei Fruchtgrützen wird sie nicht ganz klar, eher glasig. Ihr Nachteil: sie klumpt leicht.

Instant-Speisestärke ohne Kochen ist speziell bearbeitete Speisestärke (E 1442), die zum Binden nicht mehr kochen muss. Allerdings lassen sich damit keine Puddings zum Stürzen herstellen. Der Geschmack ähnelt eher dem von Instant-Desserts.

Gelatine wird aus Knochen und Bindegewebe von Schlachttieren hergestellt und besteht aus 100 % Eiweiß. Durch aufwendige chemische Verfahren wird die Gelatine extrahiert – deshalb besteht keine Gefahr von BSE oder anderen Krankheitserregern. Beim Erstarren wird Gelatine ganz durchsichtig. Sie ist geschmacklich neutral. Sie muss eingeweicht und erwärmt werden, um sich zu verflüssigen, darf weder kochen und gefrieren und verträgt keine plötzliche Abkühlung – sonst wird sie grisselig. Vorteil: Zutaten können roh verarbeitet werden.

Agar Agar wird aus Rotalgen hergestellt. Es besteht aus unverdaulichen Ballaststoffen, wirkt verdauungsfördernd, stört aber die Aufnahme von Mineralstoffen. Deshalb sollte es nicht zu häufig gegessen werden. Agar-Agar muss man erst einweichen und dann kochen. Die Konsistenz ist nicht so zart wie bei Gelatine, und rohe Fruchtspeisen können mit Agar-Agar leider nicht zubereitet werden.

Gelin wird aus Pektin hergestellt und geliert ebenfalls ohne Kochen. Es wird halbflüssig im Tetrapack angeboten und reagiert mit Calcium, also bei Zufügen von Milchprodukten. Ab einer bestimmten Menge Calcium wird es allerdings zu fest.

Obst lieber mit oder ohne Schale?
Gar nicht so einfach. Denn einerseits lagern sich Schadstoffe aus der Luft auf, in und unter der Schale ab. Aber die Pflanze konzentriert eben dort auch ihre schützenden Inhaltsstoffe wie Vitamine und antioxidative Bioaktivstoffe, um sich vor Angriffen von außen zu schützen. Diese Substanzen übernehmen in unserem Körper ebenfalls Schutzfunktion. Also: gründlich waschen, wenn möglich polieren und mit Schale essen. Noch sicherer natürlich sind Bio-Produkte oder Äpfel aus dem eigenen Garten. Wenn Ihr Kind aber alles Ungeschälte ablehnt, dürfen Sie mit gutem Gewissen auch einen Apfel möglichst dünn schälen.

Schokoladen-Nuss-Soufflée

(großes Bild)

Zutaten für 4 Personen

70 g gemahlene Nüsse (Hasel-, Wal- oder Erdnüsse)
70 g Schokolade (auch Reste)
40 g Butter
4 Eier, 80 g Zucker
2 EL reines Kakaopulver
1 EL Fett für die Form
100 g Semmelbrösel
2–3 EL Orangensaft

Zubereitungszeit: ca. 1 Std.
Pro Portion ca.: 557 kcal · 16 g E · 32 g F · 53 g K

GEHALTVOLL · RAFFINIERT

1 Nüsse in einer beschichteten Pfanne rösten, bis sie duften. Dann vom Herd ziehen und Schokolade zugeben und schmelzen lassen, die Butter unterrühren.

2 Eier trennen. Eigelbe mit 50 g Zucker cremig schlagen. Eiweiße extra steif schlagen, den übrigen Zucker einrieseln lassen. Eine Auflaufform (1 l Inhalt) ausfetten und mit 1 EL Kakaopulver ausstreuen. Den Backofen auf 180° vorheizen.

3 Schoko-Nusscreme unter die Eigelbe rühren. Dann Brösel, restliches Kakaopulver und Orangensaft zugeben. Zum Schluss Eischnee unterziehen und die Masse in die Auflaufform füllen.

4 Soufflée in den Ofen schieben und etwa 30 Min. backen, Backofentür geschlossen halten. Das Soufflée darf nicht zu dunkel werden.

Beilagentipp
Dazu passt Joghurtsahne: 125 g süße Sahne steif schlagen, ganz zum Schluß löffelweise 100 g Maracuja-Joghurt unterschlagen.

Blaubeer-Pfannekuchen

(kleines Bild)

Zutaten für 4 Personen

400 g Blaubeeren (ersatzweise 1 TK-Paket)
3 Eier
100 g Mehl
1 Prise Jodsalz
80 g zarte Haferflocken
300 ml Milch, Mineralwasser
Butter oder Öl zum Braten
250 g Schichtkäse oder Quark
2 EL Zitronensaft
3–4 EL Agavendicksaft oder Zucker
4 TL Puderzucker

Zubereitungszeit: ca. 25 Min.
Pro Portion ca.: 418 kcal · 21 g E · 16 g F · 47 g K

GEHALTVOLL · KINDERLEICHT

1 Die Blaubeeren verlesen, waschen und gut abtropfen lassen. Die Eier trennen. Die Eigelbe mit dem Mehl, 1 Prise Jodsalz, den Haferflocken, der Milch und einem Schuss Mineralwasser zu einem dicken Teig verrühren. Die Eiweiße sehr steif schlagen und unter den Teig ziehen.

2 Das Fett in einer großen Deckelpfanne zerlassen. Den Teig einlaufen lassen und die Beeren darüber streuen. Einen Deckel auflegen und den Pfannekuchen bei schwacher Hitze etwa 10 Min. backen, bis er unten goldbraun und oben flaumig-gar ist.

3 Inzwischen den Schichtkäse oder Quark mit Zitronensaft und Agavendicksaft cremig schlagen. Den Pfannekuchen auf eine Platte gleiten lassen und mit dem Puderzucker überstäuben. Die Quarkcreme dazu reichen.

Variante:
Möchten Sie Crêpes haben, ersetzen Sie die Haferflocken durch Mehl und nehmen etwas mehr Milch – die Eier nicht trennen. Dann dünne Pfannekuchen backen und erst nach dem Backen nach Geschmack belegen.

info

Wie viel Flüssigkeit für Kinder?
Die Deutsche Gesellschaft für Ernährung (DGE) empfiehlt für Kindergartenkinder knapp 1 l Getränke am Tag, für Schulkinder etwa $1\,^{1}/_{4}$ l – ganz abgesehen von der Flüssigkeit, die im Essen enthalten ist.
Eine Studie des Forschungsinstitutes für Kinder-Ernährung kommt zum Schluss, dass Kindergarten- und Schulkinder in Deutschland viel zu wenig trinken. Kleinkinder trinken mehr als 300 ml zu wenig! Bei den älteren ist es noch schlimmer. Das Institut vermutet, dass die Kinder zu wenig zum Trinken angehalten werden.
Tatsächlich scheint Durst teilweise eine Sache der Gewohnheit und Erziehung zu sein – ganz im Gegensatz zu Hunger. Ermutigen Sie also Ihr Kind zum Trinken. Und zwar nicht nur zwischendurch, sondern auch zu den Mahlzeiten. Vergessen Sie nicht – Kinder brauchen relativ mehr Flüssigkeit als Erwachsene: pro kg Körpergewicht 3–4-mal so viel. Das liegt daran, dass ihr Körper einen höheren Flüssigkeitsgehalt als der eines Erwachsenen hat, dass die Nieren noch nicht so viel Wasser zurückfiltern, daß Kinder pro Kilo Körpermasse mehr Quadratzentimeter Oberfläche (also Haut) haben, die ständig Flüssigkeit verliert und schließlich auch daran, dass Kinder sich meist viel mehr bewegen als Erwachsene.
Welche Getränke die gesündesten sind, finden Sie auf Seite 104.

Brauchen Kinder Sportgetränke?

Isotonische Getränke (Sportgetränke) ersetzen nicht nur die verlorene Flüssigkeit, sondern auch Mineralstoffe (Elektrolyte), Spurenelemente und Kohlenhydrate. Sie enthalten diese Substanzen in derselben Konzentration wie unser Blut – das entlastet bei extremer körperlicher Belastung. Doch für den ganz normalen Sport, für Toben und Spielen von Kindern sind sie nicht notwendig. Apfelsaft, im Verhältnis 1 : 1 mit Mineralwasser verdünnt, ist bestens dazu geeignet, den Flüssigkeitsverlust durch starkes Schwitzen auszugleichen und verlorene Mineralstoffe zu ergänzen.

Obst mit Beerensauce

Zutaten für 4 Personen
1 Paket tiefgekühlte Himbeeren
2–3 EL Honig
2 EL gemahlene Mandeln
2 Kiwi
2 Orangen
2 Bananen

Zubereitungszeit: ca. 15 Min.
Pro Portion ca.: 170 kcal · 3 g E · 3 g F · 35 g K

SCHNELL · OHNE MILCH UND EI

1 Die Himbeeren auftauen lassen. Dann den Honig und die gemahlenen Mandeln zufügen und zu einer cremigen Sauce pürieren.

2 Die Kiwi schälen und in 1 cm große Würfel schneiden. Die Orangen schälen, die Spalten trennen und in 3–4 Teilstücke schneiden. Die Bananen schälen und in dünne Scheiben schneiden. Das Obst sofort mischen, damit die Bananen durch den Saft hell bleiben. Mit der Sauce übergießen.

Kinderwaffeln

Zutaten für 16 Waffeln
150 g weiche Butter oder Margarine
50 g Zucker
4 Eier
300 Naturjoghurt (3,5% Fett)
400 g Mehl
1 TL Backpulver
1 Prise Jodsalz
ca. 300 ml Wasser

Zubereitungszeit: ca. 30 Min.
Pro Portion ca.: 300 kcal · 5 E · 10 g F · 22 g K

EINFACH · GEHALTVOLL

1 Butter oder Margarine mit dem Zucker verrühren. Die Eier trennen. Die Eigelbe und den Joghurt zu einer Fett-Zucker-Creme rühren.

2 Mehl mit Backpulver und Jodsalz mischen und unterziehen. So viel Wasser zugeben, dass ein zähflüssiger Teig entsteht.

3 Die Eiweiße steif schlagen und unter den Teig heben. Die Waffeln nacheinander im Waffeleisen ausbacken.

Varianten:

Schoko-Waffeln
Grundteig wie im Rezept zubereiten, dabei 1–2 TL Kakaopulver unter das Mehl mischen. 100 g Schokoladenstreusel unter den fertigen Teig heben.

Rübli-Waffeln mit Apfelmus
Den Grundteig wie oben herstellen, aber 100 g Mehl durch 100 g gemahlene Mandeln ersetzen und als Flüssigkeit 300 ml Apfelsaft verwenden. 100 g Möhren waschen, schälen und fein raspeln, unter den fertigen Teig heben und die Waffeln nacheinander backen. Dazu Apfelmus reichen.

info

Essen lernen – mit allen Sinnen
Nach und nach kommen Kinder auf den Geschmack: Sie lernen zu löffeln, zu schmecken, zu genießen. Das ist für ein gesundes Essverhalten wichtig.
Ohne Geruchssinn können wir nicht schmecken – und lassen uns auch nichts schmecken. Das zeigen die Erfahrungen von Menschen, die diesen Sinn verloren haben – sie müssen sich zum Essen zwingen. Pädagogen haben Spiele entwickelt, die gezielt die Sinne in Bezug aufs Essen anregen: Jeder probiert mit verbundenen Augen und fest zugehaltener Nase ein Lebensmittel und versucht es zu erraten, z.B. Apfel, Zwiebel, Ei oder Gurke. Mit der Zeit gelingt das immer besser.
Auch im Alltag lässt sich der Geruchssinn spielerisch trainieren: Wie können zwei unterschiedliche Apfelsorten riechen, Weizen- und Roggenbrot, Beeren oder Tannenzapfen? Die beste Gelegenheit ergibt sich beim Einkaufen, beim Kochen und natürlich beim Essen. Doch nicht nur das Sehen, Riechen und Schmecken spielt eine Rolle: Auch das Berühren ist wichtig. Denn Kinder lernen buchstäblich mit allen Sinnen: Sie müssen die Dinge anfassen, um sie zu erfassen. »Fingerfood« (alles, was man aus der Hand essen kann, siehe Seite 88–94) kommt dieser Berührungslust sehr entgegen.
Aber auch selber kochen, kneten, rühren, schnippeln kann sehr befriedigend sein. Lassen Sie Ihr Kind also mitmachen beim Kochen – und tischen Sie öfter mal Fingerfood auf.

Fürs Kinderfest

Mondgesichter-Pizzen

(kleines Bild)

Zutaten für 6 Pizzen

Pizza-Grundteig:
300 g Weizenmehl Type 1050 (ersatzweise 405)
1 Päckchen Trockenbackhefe
200–220 ml lauwarmes Wasser
Olivenöl, 1/2 TL Jodsalz
1 dicke Möhre (ca. 200 g)
1 kleiner Zucchino (ca. 150 g)
150 g Mozzarella
200 g passierte Tomaten (Tetrapack)
Jodsalz, Pfeffer, gerebelter Oregano
18 schwarze Oliven
6 kleine Champignons
3 Kirschtomaten

Zubereitungs- und Ruhezeit: ca. 1 Std.
Backzeit: ca. 25 Min.
Pro Portion ca.: 259 kcal · 12 g E · 11 g F · 37 g K

KINDERLEICHT · VEGETARISCH

1 In einer Schüssel Mehl mit der Trockenhefe mischen. Dann Wasser, 2 EL Öl und Jodsalz zufügen, mit den Knethaken der Küchenmaschine oder mit den Händen so lange bearbeiten, bis der Teig nicht mehr an der Schüssel klebt. Den Teig mit Mehl bestäuben, bei Zimmertemperatur etwa 30 Min. ruhen lassen.

2 In der Zwischenzeit Möhre waschen, schälen und in feine Streifen schneiden oder hobeln. Den Zucchino in Scheiben schneiden, diese halbieren. Den Mozzarella sehr fein würfeln.

3 Dann das Blech ölen und mit bemehlten Händen den Teig in sechs Portionen teilen, zu Kugeln formen und aufs Blech legen. Die Pizzen zu kleinen, runden Platten flach drücken und am Rand rundherum etwas wulstig lassen. Den Ofen auf 200° vorheizen.

4 Die passierten Tomaten mit Salz, Pfeffer und Oregano würzen, auf den Pizzaböden verteilen. Die Möhrenfransen als Haare auf die Pizzen legen. Darunter kommen je 2 Oliven als Augen. Je 4 Zucchinischeiben zum Mund legen, darüber 1 Pilz als Nase setzen. Die Tomaten quer durchschneiden und links und rechts vom Mund als Bäckchen legen. In die Zwischenräume Mozzarellawürfel streuen. 2 EL Öl darüber träufeln. Auf der untersten Schiebeleiste bei 200° 25 Min. backen, bis der Käse bräunt.

Gyros-Fladen

(großes Bild)

Zutaten für 8 Portionen

1,5-mal Grundrezept Pizzateig (siehe anderes Rezept, ersatzweise 8 Hamburger Brötchen)
1 Bund Frühlingszwiebeln
3 Knoblauchzehen
1 unbehandelte Zitrone
1 rote Paprikaschote
1 Kopf Eisbergsalat
2 TL Sesamsamen
Olivenöl
1 kg geschnetzelte Putenbrust
1 TL Paprikapulver edelsüß
Jodsalz, Pfeffer, 1 TL Oregano
200 g Sauerrahm

Zubereitungszeit: ca. 1 1/2 Std.
Pro Portion ca.: 430 kcal · 39 g E · 13 g F · 41 g K

GEHALTVOLL

1 Pizzateig wie im vorigen Rezept zubereiten und gehen lassen.

2 Frühlingszwiebeln waschen, putzen und in Ringe schneiden. Knoblauch abziehen und fein hacken.

3 Zitronenschale abreiben, dann halbieren und auspressen. Paprika waschen, putzen und in Würfel schneiden. Ganze Salatblätter vom Kopf knicken, waschen und trockentupfen.

4 Backofen auf 200° vorheizen, aus dem Teig acht handgroße Fladen formen, auf zwei Backbleche verteilen, mit 2 EL Olivenöl beträufeln und mit Sesam bestreuen. Auf der unteren Schiene des Backofens jedes Blech etwa 15 Min. backen, bis die Fladen goldgelb sind. Nach 10 Min. etwas Wasser auf den Ofenboden spritzen.

5 Putenfleisch mit Paprikapulver, Jodsalz und Pfeffer vermischen. In einer großen Pfanne in 2 EL Öl unter Rühren braun braten. Dann Frühlingszwiebeln, Paprikawürfel, Oregano und Zitronensaft samt Schale zugeben und nochmals einige Minuten braten, abschmecken.

6 Leicht abgekühlte Fladen aufschneiden, mit Sauerrahm bestreichen, Salatblätter dazwischenklemmen und eine Portion Putengyros einfüllen. Mit einer Serviette umwickeln und aus der Hand essen.

info

Was leisten Ballaststoffe im Körper?
Sie sind unverdauliche, pflanzliche Bestandteile der Nahrung, aber gerade in Zeiten der Überversorgung keineswegs Ballast:
- Sie regen die Darmfunktionen an und fördern die Darmflora: Beides sorgt für eine gute Verdauung und wirkt gegen Verstopfung. (S. auch die Textpassage auf der gegenüberliegenden Seite.)
- Sie binden Gallensäuren und senken dadurch den Cholesterinspiegel.
- Sie nehmen aber auch Giftstoffe mit. Durch die schnellere Darmpassage wirken Schadstoffe weniger auf die Darmzellen ein.
- Sie verlangsamen den Verdauungsprozess im Magen, dadurch hält das Sättigungsgefühl länger an.

Was tun gegen Verstopfung?
Einerseits für viel Bewegung sorgen – das regt die Darmbewegung an. Gleichzeitig den Ballaststoffanteil der Nahrung erhöhen: durch Vollkornbrot mit hohem Ballaststoffanteil, Leinsamen im Müsli und gleichzeitig viel Flüssigkeitszufuhr, sonst können die Ballaststoffe nicht quellen, sondern wirken sogar stopfend. Trockenpflaumen und ihr Saft regen die Verdauung an, aber auch Joghurts und milchsauer eingelegtes Gemüse wie Sauerkraut, Oliven oder Salzgurken. Milchzucker wirkt leicht abführend. Schokolade, Süßigkeiten und Kakao dagegen wirken stopfend.

Pikante Teilchen

(großes Bild)

Zutaten für etwa 8 Stück

Für den Blitzblätterteig:
250 g Dinkelmehl (ersatzweise Vollkornmehl), Jodsalz
1 Msp. Backpulver
250 g kalte Butter
250 g Magerquark, abgetropft
1 Ei, getrennt, zum Bestreichen
Mehl für die Arbeitsfläche

Schinkenhörnchen:
150 g roher Schinken
1 Bund Schnittlauch
1 TL Senf, Pfeffer
1 EL Kräuter-Crème-Fraîche

Käsewindmühlen:
1 Bund Petersilie oder Rucula
2–3 EL Sonnenblumenkerne
100 g frisch geriebener Parmesan
2–3 EL Sahnequark
Jodsalz, Pfeffer, Muskat

Hackfleischtaschen:
1 Zwiebel, 1 Knoblauchzehe
200 g Schweinehack
1 EL Butter oder Margarine
Jodsalz, Pfeffer, Paprikapulver
1 Fleischtomate
2 EL Sesamsamen

Zubereitungs- und Ruhezeit: ca. 1 1/4 Std.
Backzeit: ca. 15 Min.
Pro Portion ca.: 453 kcal · 13 g E · 35 g F · 22 g K

RAFFINIERT · GUT VORZUBEREITEN

1 Mehl, Jodsalz, Backpulver, die kalten Butter in Stückchen und den Quark rasch zu einem Teig verkneten – die Butter sollte nicht völlig gleichmäßig verteilt sein. Mindestens 1 Std. im Gemüsefach des Kühlschranks ruhen lassen. Dann den Teig auf der bemehlten Arbeitsfläche ca. 5 mm dick ausrollen. Den Backofen auf 220° vorheizen.

2 Für die **Schinkenhörnchen** den Schinken fein würfelig schneiden. Den Schnittlauch waschen, trockenschütteln und in Röllchen schneiden. Beides mit den übrigen Zutaten vermischen. Den Teig in Dreiecke von 10 cm Breite und 12–13 cm Seitenlänge schneiden. Etwas Füllung auf die Mitte setzen. Die Ränder mit Eiweiß bestreichen, von der Breitseite her einrollen. Mit Eigelb bepinseln.

3 Für die **Käsewindmühlen** den Teig in Quadrate von etwa 10 cm Kantenlänge schneiden, mit Eiweiß bestreichen. Die Kräuter waschen und fein hacken. Die Sonnenblumenkerne grob hacken, mit den Kräutern und den übrigen Zutaten vermischen, würzen und die Masse in die Mitte der Quadrate setzen. Diese an den Ecken bis zur Füllung einschneiden, zur Hälfte über die Füllung klappen, mit Eigelb bestreichen.

4 Für die **Hackfleischtaschen** den Teig ebenfalls in Quadrate teilen, die Kanten mit Eiweiß bestreichen. Die Zwiebel und den Knoblauch abziehen, fein hacken, mit dem Fleisch im Fett knusprig braten, dabei würzen. Die Tomate waschen und klein würfeln, zugeben und diese Masse auf den Quadraten verteilen. Zu Taschen zusammenklappen, mit Eigelb einpinseln und mit Sesamsamen bestreuen. Evtl. an der langen, flachen Seite wie einen Hahnenkamm einschneiden.

5 Die Teilchen auf ein mit Backpapier belegtes Blech legen und bei mittlerer Einschubhöhe in etwa 15 Min. goldgelb backen.

Variante:
Sie können statt Blitzblätterteig auch 4 rechteckige Platten TK-Blätterteig nehmen und diese halbieren. Es gibt auch quadratische TK-Scheiben im Handel.

Schweine-Öhrchen

(kleines Bild)

Zutaten für etwa 15 Stück

300 g TK-Blätterteig
100 g Honig
70 g Sesamsamen

Zubereitungszeit: ca. 35 Min.
Pro Portion ca.: 127 kcal · 2 g E · 8 g F · 13 g K

SCHNELL · GUT VORZUBEREITEN

1 Den Blätterteig nach Packungsanweisung auftauen lassen. Honig erwärmen.

2 Die erste Platte leicht ausrollen, mit Honig bestreichen und Sesam bestreuen. Die zweite Platte ebenfalls leicht ausrollen, auf die erste legen, wieder mit Honig und Sesam toppen. So fortfahren, bis alle Platten verbraucht sind. Die oberste Platte naturell lassen. Den Teig auf eine Größe von 25 x 15 cm auswellen. Nun auch die oberste Teiglage mit dem Honig und Sesam belegen. Den Backofen auf 225° vorheizen.

3 Die langen Seiten bis zur Mitte hineinrollen, die Gegenseite ebenfalls. Wo sich die Rollen treffen, nochmals Honig und Sesam auftragen. So erhält man eine »Stange« von ca. 9 x 15 cm. Den Teig in knapp 1 cm dicke Scheiben schneiden. Die Scheiben auf ein mit Backpapier ausgelegtes Backblech legen und im heißen Ofen 10–15 Min. backen.

Variante:
Pikant werden die Schweine-Öhrchen, wenn Sie den Honig durch eine Mischung von 4 EL Sauerrahm und 3–4 EL frisch geriebenem Parmesan ersetzen und auch hier wieder mit Sesam kombinieren.

Muss mein Kind abnehmen?

Nein – aber vielleicht sollte es eine Zeit lang nicht zunehmen. Zunächst sollten Sie mit Hilfe der Kurve (Seite 115), über Messen und Wiegen herausfinden, ob Ihr Kind übergewichtig ist. Nur bei schwerem Übergewicht ist Abnehmen unter Aufsicht des Kinderarztes nötig. Denn durchs Wachsen werden Kinder automatisch schlanker. Gegen weitere Zunahme hilft fettarmes Essen, Ersetzen süßer Getränke durch Wasser und viel Bewegung. Beobachten Sie Ihr Kind, die ganze Familie und Ihren Lebensstil. Selbst eine Veranlagung zum »Pummelchen« ist kein Schicksal.

Heidelbeer-Muffins

(großes Bild)

Zutaten für ca. 12 Stück

260 g Mehl, 3 TL Backpulver
300 g TK-Heidelbeeren
2 Eier
180 g brauner Zucker
150 g weiche Butter
1 Päckchen Vanillezucker
300 g Heidelbeerjoghurt
100 g Puderzucker
etwas Heidelbeersaft (vom Auftauen)
Für die Backformen:
Fett oder 12 Papierbackförmchen

Zubereitungszeit: ca. 25 Min.
Backzeit: ca. 20–25 Min.
Pro Portion ca.: 329 kcal · 4 g E · 13 g F · 48 g K

AUCH FÜR VIELE · KINDERLEICHT

1 Backofen auf 180° vorheizen. Muffinsformen mit Fett einpinseln oder Papierförmchen reinsetzen. Mehl in eine Schüssel sieben und mit dem Backpulver vermischen.

2 Heidelbeeren auftauen lassen. Eier leicht verquirlen. Zucker, Butter und Vanillezucker dazugeben und gut verrühren. Dann den Joghurt zufügen. Die Mehlmischung unterrühren. Zuletzt zwei Drittel der Heidelbeeren vorsichtig unter den Teig heben.

3 Den Teig sofort dreiviertel hoch in die Formen füllen. Im heißen Backofen 20–25 Min. backen.

4 Die Muffins in den Formen 5 Min. ruhen lassen. Den Puderzucker mit dem Heidelbeersaft, der sich beim Auftauen abgesetzt hat, anrühren und die Muffins damit bestreichen, mit den restlichen Heidelbeeren bestreuen. Dann aus den Förmchen nehmen und noch warm servieren.

Varianten:

- Für **Ananas-Muffins** 200 g Ananasstückchen aus der Dose und Sauerrahm statt Joghurt nehmen.
- Für **Apfel-Muffins** 1 geraspelten Apfel, 1 TL Zimt und statt Joghurt Schmand nehmen.
- Für **Walnuss-Muffins** 150 g grob gehackte Walnüsse und süße Sahne statt Joghurt nehmen. Die Muffins mit weißer Kuvertüre und Walnusshälften verzieren.
- Für **Schoko-Muffins** 150 g Raspelschokolade und 1 EL dunklen Kakao zugeben, ebenfalls Sahne und mit Kuvertüre und Schokodekor verzieren.

Würstchenrollen

(kleines Bild)

Zutaten für 8 Rollen

280 g Mehl, Jodsalz
1 Ei, 3 EL Öl
150 g Möhren
100 g Klebe- oder Risottoreis
Paprikapulver, edelsüß
2–3 Frühlingszwiebeln
1 Prise getrocknetes Zitronengras
1 Knoblauchzehe
100 g Maiskörner (Konserve)
4 kleine Wienerle
1 Eigelb
2 EL Sesamsamen

Zubereitungszeit: ca. 1 Std.
Backzeit: ca. 20 Min.
Pro Portion ca.: 380 kcal · 12 g E · 17 g F · 45 g K

KINDERLEICHT · GEHALTVOLL

1 Aus Mehl, 1 Prise Jodsalz, Ei, Öl und 160 ml lauwarmem Wasser einen elastischen Teig kneten. Zur Kugel formen und gut abgedeckt an einem warmen Ort ruhen lassen.

2 Inzwischen die Möhren waschen, schälen und grob raspeln. Mit dem Reis, 200 ml Wasser, Jodsalz und Paprikapulver zum Kochen bringen und 20 Min. bei schwacher Hitze quellen lassen. Frühlingszwiebeln putzen, waschen und in feine Ringe schneiden. Knoblauchzehe abziehen und fein hacken, mit Salz, Zitronengraspulver und dem Mais unter den Reis ziehen. Backofen auf 200° vorheizen.

3 Den Teig in acht Portionen teilen, jeweils eine Portion ausrollen, danach mit den Händen so dünn wie möglich ziehen. Die Wienerle der Länge nach durchschneiden. Ein Achtel Reis-Füllung auf den Teig legen, eine Würstchenhälfte hineindrücken und den Teig über dieser Masse zusammenrollen, die beiden Enden einschlagen.

4 Ein Backblech mit Backpapier auslegen und die Rollen mit der Nahtstelle darauf legen, mit Eigelb bestreichen und mit den Sesamsamen bestreuen. In den heißen Backofen schieben und in 20–25 Min. goldgelb backen.

Variante:
Schneller geht's mit TK-Blätterteig, Sie brauchen dazu 4 rechteckige oder 8 quadratische Platten!

Wie ungesund sind Würstchen wirklich?
Kinder lieben sie, denn sie sind gut zu essen und erinnern so gar nicht an Tiere. Was hineinkommt, ist streng geregelt: Reines Muskelfleisch, kerniger Speck, Wasser und Gewürze. Der Fettgehalt liegt zwischen 20 und 30 %. Rosige Würstchen enthalten Nitritpökelsalz und sollten nicht gebraten oder gegrillt werden, weißliche Würste (z. B. Bratwürstchen) sind nur gesalzen und daher in der Pfanne unbedenklich. Fettarme Würstchen im Miniformat, dünn geschnittene Lyoner oder Fleischwurst sind bei einer Mischkost unbedenklich. Besonders mager sind übrigens Putenwürstchen!

Müsli-Mäuse
(großes Bild)

Zutaten für 15 Stück

400 g Weizenmehl
1 Päckchen Trockenbackhefe
100 g zarte Haferflocken
1 Prise Jodsalz
100 ml lauwarmer Apfelsaft
100 ml Agavendicksaft oder
80 g Zucker
100 ml neutrales Öl
45 essfertige Trockenpflaumen
3–4 EL Aprikosenkonfitüre
je 30 Rosinen und Mandeln

Zubereitungs- und Ruhezeit: ca. 1 Std.
Backzeit: ca. 25–30 Min.
Pro Portion ca.: 235 kcal · 5 g E · 6 g F · 38 g K

OHNE MILCH UND EI · AUCH FÜR VIELE

1 Mehl in einer Schüssel mit der Trockenhefe, den Haferflocken und dem Jodsalz gut mischen. Dann Apfelsaft, Agavendicksaft und Öl dazugießen. So lange kneten, bis der Teig nicht mehr an der Schüssel klebt (evtl. noch etwas Saft zugeben). Mindestens 30 Min. ruhen lassen.

2 Jeweils ein Stückchen Teig zwischen den Händen flach drücken, 3 Backpflaumen auf den Teig geben, die Teigränder über den Pflaumen zusammenschlagen und kleine Mäuschen formen. Je 2 Rosinen als Augen und 2 Mandeln als Ohren in die Teigmäuse drücken. Die Mäuse auf ein mit Backpapier ausgelegtes Blech legen und in den kalten Backofen (Mitte) schieben. Bei 200° 25–30 Min. backen.

3 Die Aprikosenkonfitüre auf dem Herd erwärmen, die Hefemäuse damit bestreichen.

Hasen-Rüblitorte
(kleines Bild)

Zutaten für 1 Hasenform

Fett und gemahlene Mandeln für die Form
180 g Butter oder Margarine
150 g Zucker
3 Eier
200 g Möhren
1 Apfel
$^1/_2$ unbehandelte Zitrone
200 g Mehl
1 gehäufter TL Backpulver
100 g gemahlene Mandeln

Zubereitungszeit: ca. 45 Min.
Backzeit: ca. 45–50 Min.
Pro Portion ca.: 374 kcal · 6 g E · 29 g F · 24 g K

RAFFINIERT · PREISWERT

1 Die Hasenform sorgfältig fetten und mit Mandeln ausstreuen. Den Backofen auf 190° vorheizen. Die Butter oder Margarine mit dem Zucker weiss-cremig rühren, die Eier aufschlagen und unterrühren.

2 Die Möhren waschen, putzen, schälen, fein raspeln. Den Apfel waschen, schälen, raspeln und mit 1 EL Zitronensaft mischen. Die Zitronenschale abreiben.

3 Im Wechsel das Mehl samt Backpulver, Mandeln, Apfel- und Möhrenraspeln unter den Teig ziehen. Den Teig in die Form füllen und glatt streichen. Im Backofen 45–50 Min. backen.

Variante:
Sie können den Kuchen auch in einer Kranz- oder Sternform backen und mit Zitronenglasur überziehen oder mit Puderzucker bestäuben. Mit kleinen Marzipanmöhrchen verzieren.

info

Gesünder backen
Kein Kind wird wirklich Vollwertgebäck am liebsten essen. Aber das muss ja auch nicht sein: Beim Kuchen muss es nicht unbedingt 100 % Vollkorn sein. Ein schlichter Marmorkuchen ist trotzdem viel gesünder als eine Tafel Schokolade.

Es gibt aber einige Tricks, wie Sie gesünder backen können:
• Reduzieren Sie die Zuckermenge um etwa ein Viertel: Außer bei Baiser und Biskuit – da höchstens um 10 %.
• Überstäuben Sie Gebäck lieber mit Puderzucker als mit Zuckerguß: Sie kommen dann mit relativ wenig aus.
• Mischen Sie etwas dunkleres Mehl unter das Weißmehl. Nusskuchen vertragen einen besonders hohen Anteil Vollkorn: Da merkt es keiner.
• Nüsse und Samen steuern viel Vitamine und Mineralstoffe bei – aber auch Fett. Gut für Dünne!
• Raspel-Gemüse wie Möhren oder Kürbis machen den Kuchen saftig und leichter – fein raspeln und unter den Teig mogeln. Gut für Mollige!
• Obstkuchen ist am fettärmsten und auch als Zwischenmahlzeit erlaubt – aber ohne Sahne!

tipp

»Tierische Formen«
Nicht nur für Kinderfeste, auch im Alltag, an einem regnerischen Nachmittag z. B. ist das Backen und Verspeisen »tierisch guter« Kuchen ein großes Vergnügen.

Ist Teig-Naschen erlaubt?

Die Salmonellen-Angst geht um, seit Eier belastet sind. Wer ganz sicher sein will, sollte den Mürbeteig ohne Ei, stattdessen mit 1–2 EL Crème fraîche kneten. Doch wer sehr frische Eier (Seite 36) verwendet, sauber arbeitet, den Teig im Kühlschrank ruhen und nicht länger bei Zimmertemperatur liegen lässt, der sollte seinem Kind den Spaß in Maßen gestatten. Denn Backen ohne Naschen ist nur das halbe Vergnügen. Wer rohen Teig aber ganz verbietet, sollte wenigstens reichlich Gebäckdekor bereitstellen als kleinen Nasch-Ersatz.

Marmorkuchen

(großes Bild)

Zutaten für 1 Form mit 1,5 l Inhalt

200 g weiche Butter
200 g Zucker
1 Prise Jodsalz
5 Eier
1 EL Zitronensaft
400 g Mehl
2 TL Backpulver
100 g Crème fraîche
Fett für die Form
2 EL dunkles Kakaopulver
1–2 EL Milch
Puderzucker zum Bestäuben

Zubereitungszeit: ca. 30 Min.
Backzeit: ca. 1 Std.
Pro Portion ca.: 295 kcal · 5 g E · 16 g F · 33 g K

GEHALTVOLL · KINDERLEICHT

1 Die Butter mit dem Zucker und dem Jodsalz sehr cremig rühren. Nach und nach die Eier zugeben und schlagen, dann den Zitronensaft. Das Mehl mit Backpulver mischen und nach und nach unterrühren, zum Schluss die Crème fraîche.

2 Den Backofen auf 180° vorheizen. Die Form fetten. Gut über die Hälfte des Teiges in die Form füllen. Den übrigen Teig mit dem Kakao und Milch vermischen und darüber verteilen. Eine Gabel spiralförmig durch die Teigschichten ziehen.

3 Den Kuchen im heißen Backofen auf der unteren Schiene etwa 1 Std. backen. Wird er zu dunkel, locker mit Backpapier abdecken. Nach dem Backen kurz rasten lassen, dann stürzen. Nach dem Abkühlen mit Puderzucker bestäuben.

Apfelstrudel mit Vanillesauce

(kleines Bild)

Zutaten für 8 Personen

250 g Weizenmehl
1 Prise Jodsalz
1 Ei, 2 EL Öl
etwa 100 ml lauwarmes Wasser
1,5 kg Kochäpfel
50 g Rosinen
50 g Zucker
1 TL Zimt
50 g zerlassene Butter
100 g geriebene Mandeln
Backpapier
Für die Vanillesauce:
400 ml Milch
1 Stückchen Vanillestange
3 EL Zucker
2 TL Speisestärke
100 g süße Sahne

Zubereitungszeit: ca. 1 Std.
Backzeit: ca. 30 Min.
Ruhezeit: 15 Min.
Pro Portion ca.: 426 kcal · 9 g E · 19 g F · 55 g K

GEHALTVOLL · AUCH FÜR VIELE

1 Das Mehl auf die Arbeitsfläche häufen, in die Mitte in eine Vertiefung Jodsalz, Ei und Öl geben. Nun kneten und dabei nach Bedarf das warme Wasser zugeben. So lange bearbeiten, bis ein elastischer Teig entstanden ist. Eine Kugel formen, mit Öl dünn bepinseln und unter einen warmen Topf legen.

2 In der Zwischenzeit den Backofen auf 220° vorheizen. Die Äpfel waschen, schälen und das Kerngehäuse entfernen. Mit der Küchenmaschine oder per Hand in dünne Scheiben hobeln. Mit den Rosinen, dem Zucker und Zimt vermischen.

3 Den Strudelteig auf einem bemehlten, großen Küchentuch zunächst ausrollen, dann durch Ziehen über den Handrücken immer mehr vergrößern. Die Hälfte der Teigfläche (der Länge nach gerechnet) mit der Hälfte der zerlassenen Butter einpinseln. Die restliche Fläche mit geriebenen Mandeln bestreuen und die Apfelfüllung darauf verteilen. Von der Apfelseite her den Strudel durch Anheben des Tuches locker einrollen.

4 Strudel auf ein mit Backpapier ausgelegtes Blech setzen, sodass die Nahtstelle unten liegt. Die Oberfläche mit der restlichen Butter bestreichen, den Strudel in den heißen Ofen schieben und etwa 30 Min. backen. Nach 15 Min. die Hitze auf 200° reduzieren. Nach dem Backen etwa 15 Min. ruhen lassen.

5 Inzwischen von der Milch etwa 1 EL abnehmen, den Rest mit der Vanilleschote zum Kochen bringen. Die kalte Milch mit dem Zucker und der Stärke anrühren, in die kochende Milch rühren und einmal aufkochen lassen. Die Sahne steif schlagen und unterziehen. Entweder kalt oder heiß zum Strudel reichen.

Varianten:

Eine extra schnelle Vanillesauce bekommen Sie, wenn Sie fertigen Vanillepudding aus dem Becher mit Milch glatt rühren.
Zwetschgen und Aprikosen ergeben eine besonders aromatische Füllung. Streuen Sie auf die Füllung geriebene Zwiebackbrösel, damit sie beim Backen nicht zu feucht wird.

Extra schneller Teig:
Sie können den Strudel auch mit einer großen Rolle Blätterteig aus der Kühltheke machen.

Bauchweh von frischem Gebäck?
Die Warnung kennt eigentlich jeder. Doch Gebackenes schmeckt ofenwarm nun mal am besten. Nachweisbare Gründe für dieses Verbot gibt es nicht – außer der Sorge um die Vorräte. Daß von frisch Gebackenem aber vor lauter Lust viel zu viel gegessen wird, das kann sein. Lassen Sie Ihr Kind ausprobieren, was ihm bekommt. Sie können es auf Risiken hinweisen, die Erfahrungen muss es aber selber machen – und speziell in puncto Ernährung reagieren alle Menschen nun mal sehr unterschiedlich.

Puzzle-Kuchen
(großes Bild)

Zutaten für 1 Kuchenblech
(ca. 35 Teil-Stücke)

4 Eier, 4 EL heißes Wasser
150 g Zucker
1 Päckchen Vanillezucker
80 g Mehl
80 g Speisestärke
1 TL Backpulver
1 Prise Jodsalz, Backpapier
Für den Belag:
250 g Mascarpone
2 Becher Zitronenjoghurt (je 150 g)
2 EL Agavendicksaft oder Honig
150 g Aprikosenkonfitüre
insgesamt 1 1/2 kg geputztes Obst: Melonen, Nektarinen, Blau-, Erd-, Himbeeren, Weintrauben, Kiwi etc.
1/4 l weißer Traubensaft
3 EL Zitronensaft
2 Päckchen heller Tortenguss

Zubereitungszeit: ca. 1 1/4 Std.
Backzeit: ca. 12 Min.
Pro Portion ca.: 116 kcal · 2 g E · 5 g F · 15 g K

GUT VORZUBEREITEN · FÜR VIELE

1 Den Backofen auf 200° vorheizen. Ein Backblech mit Backpapier auslegen. Die Eier mit 4 EL heißem Wasser, Zucker und Vanillezucker etwa 10 Min. schaumig schlagen. Das Mehl mit der Stärke, dem Backpulver und dem Jodsalz mischen, auf die Eimasse sieben und unterheben.

2 Den Teig auf dem Blech verteilen. Im heißen Ofen ca. 12 Min. backen. Sofort mit einem feuchten Tuch bedecken, damit der Kuchen nicht trocken wird.

3 Den Mascarpone mit dem Joghurt und dem Dicksaft cremig rühren. Die Teigplatte erst mit der Konfitüre, dann mit der Mascarponecreme bestreichen. Die Felder für die verschiedenen Früchte markieren. Früchte waschen, putzen und in mundgerechte Stücke teilen: Melonen in Kugeln, Nektarinen in Spalten, Kiwis in Scheiben etc.

4 Kuchen dicht damit belegen, z. B. ein Haus »bauen«. Tortengusspulver nach Anweisung mit Trauben-, Zitronensaft und Wasser anrühren, aufkochen lassen und sparsam auf den Früchten verteilen.

Erdbeer-Savarin
(kleines Bild)

Zutaten für 1 Ringform von 18 cm Ø
(Noblesse Mini, Kaiser)

6 Eier, 130 g Zucker
1 unbehandelte Zitrone
130 g geschälte, gemahlene Mandeln
Fett und Mehl für die Form
2–3 EL Agavendicksaft oder Zucker
200 g Erdbeeren
200 g süße Sahne

Zubereitungszeit: ca. 30 Min.
Backzeit ca. 50 Min.
Pro Portion ca.: 355 kcal · 12 g E · 22 g F · 28 g K

PREISWERT · AUCH FÜR VIELE

1 Den Backofen auf 180° vorheizen. Die Eier trennen. Die Eigelbe mit dem Zucker sehr cremig schlagen. Die Eiweiße steif schlagen. Die Zitronenschale abreiben und mit den Mandeln unter die Eigelbcreme ziehen. Zum Schluss den Eischnee unterheben.

2 Die Ringform fetten und mehlen, Teig einfüllen. Die Form auf dem Rost auf die untere Schiene des vorgeheizten Backofens schieben. In etwa 50 Min. goldbraun backen.

3 In der Zwischenzeit 100 ml Wasser erwärmen und 2 EL Agavendicksaft darin auflösen. Die Zitrone auspressen und den Saft zufügen, evtl. nachsüßen.

4 Den gebackenen Kuchen vorsichtig aus der Form lösen, stürzen und mit dem Zitronenwasser tränken, kalt stellen. Die Beeren verlesen und waschen. Die Sahne steif schlagen, währenddessen 1 EL Dicksaft in die Sahne einlaufen lassen. Vor dem Servieren den Ring mit Sahne und Beeren verzieren, in die Kranzmitte die übrigen Beeren und die Sahne füllen.

info

Alles über Schimmel
Bei wenigen Lebensmitteln ist ein Teil der Schimmelpilz-Bildung erwünscht, wie bei Edelpilzkäse oder luftgetrockneter Salami.

• Schimmel gedeiht überall dort, wo es feucht ist – und warm. Die beste Vorbeugung ist, frische Lebensmittel sauber, kühl und trocken zu lagern. Die Kühlschranktemperatur sollte 4–6° betragen, rohe und erhitzte Lebensmittel sollten getrennt gelagert werden und Reste nicht offen stehen.

Doch viele Pilze bilden Giftstoffe, die nicht nur Magen und Darm belasten, sondern auch Organe schädigen oder zu Krebs führen können. Was tun, wenn Schimmel auftritt?

• Alle feuchtigkeitsreichen Lebensmittel wie Säfte, weiches Obst und Gemüse, zuckerreduzierte Konfitüren, Brotscheiben, Schnitt-, Weich- und Frischkäse bei Befall ganz wegwerfen. Denn die Pilze hinterlassen unsichtbar im Lebensmittel Gifte.

• Bei Hartkäse und bei Konfitüre mit mindestens 50 % Zucker können Sie die betroffenen Teile großzügig entfernen. Hier ist der Flüssigkeitsgehalt so niedrig, daß sich der Pilz nicht ausbreiten kann.

Machen Sie Ihr Kind auf die Schimmelgefahr aufmerksam und bringen Sie ihm bei, sich Joghurt, Brot, Konfitüre oder Saft vor dem Essen oder Trinken genau anzuschauen.

Für jeden eine Extra-Wurst?

Familientisch à la carte? Jeder will was anderes? Möglich ist das durch Fertiggerichte, aber dabei kommen Gemeinsamkeit, die Fähigkeit zu Kompromissen und das Kennenlernen von Neuem zu kurz. Beziehen Sie die Familie in die Planung des Speiseplans mit ein, jeder darf sich mal was wünschen – auch etwas abwünschen. Machen Sie Probieren zur Pflicht, aber nicht zur Regel, dass alles, was auf den Tisch kommt, gegessen wird. Wichtig: Gemeinsam die Mahlzeit beginnen und beenden.

Riesen-Geburtstagstorte

(großes Bild)

Zutaten für 1 Springform mit 26 cm Ø

Fett und Mehl für die Form
4 Eier, getrennt
220 g Zucker
1 Prise Jodsalz
4 EL heißes Wasser
40 g gemahlene Haselnüsse
120 g Buchweizenmehl, ersatzweise Haselnüsse
200 g süße Sahne
30 g Speisestärke ohne Kochen
500 g Beerenjoghurt
500 g gemischte TK-Beeren
1 Päckchen Zitronen-Götterspeise

Zubereitungszeit: ca. 1 Std.
Backzeit: ca. 40 Min.
Kühlzeit: ca. 3 Std.
Pro Portion ca.: 274 kcal · 6 g E · 11 g F · 38 g K

AUCH FÜR VIELE · RAFFINIERT

1 Die Form fetten und mit Mehl ausstreuen. Backofen auf 175° vorheizen. Die Eigelbe mit 120 g Zucker, dem Jodsalz und dem Wasser sehr schaumig schlagen. Haselnüsse und Buchweizenmehl unter die Eimasse heben. Die Eiweiße zu sehr steifem Schnee schlagen und vorsichtig unter den Teig heben. Den Teig in die Form füllen und auf mittlerer Schiene im Backofen 40 Min. backen.

2 Den Kuchen aus der Form nehmen und gut auskühlen lassen. Den Kuchen quer halbieren, sodass man zwei Böden erhält.

3 Die Sahne mit 50 g Zucker sehr steif schlagen. Die Speisestärke mit dem Schneebesen unter den Joghurt ziehen und sofort die Sahne unterheben – die Creme wird umgehend fest.

4 Einen Tortenrand um einen Boden legen und die Creme bis auf einige Löffel auf dem Boden verteilen. Den zweiten Boden darauf setzen, mit der restlichen Creme bestreichen.

5 Die unaufgetauten Beeren auf dem Boden verteilen. Die Götterspeise mit dem restlichen Zucker nach Packungsanweisung zubereiten. Sobald sie anfängt zu gelieren, auf den Beeren verteilen. Die Torte durchkühlen lassen. Nach Belieben mit Sahnetuffs und Beeren dekorieren.

Erdbeercreme-Kuchen

(kleines Bild)

Zutaten für 1 Backblech

250 g weiche Butter oder Margarine
200 g Zucker, 4 große Eier
100 g gemahlene Haselnüsse
300 g Mehl, 1 Päckchen Backpulver
etwas Orangensaft
12 Blatt weiße Gelatine
1 kg Erdbeeren (frisch oder tiefgekühlt)
400 g Hüttenkäse
500 g Speisequark (20 % Fett)
etwa 100 ml Agavendicksaft
Backpapier

Zubereitungszeit: ca. 45 Min.
Backzeit: ca. 30 Min.
Pro Portion ca.: 198 kcal · 7 g E · 11 g F · 17 g K

FETTARM · KINDERLEICHT

1 Das Fett mit Zucker cremig rühren, nach und nach die Eier unterschlagen. Dann die Nüsse, das Mehl mit Backpulver und so viel Saft wie nötig unterziehen, damit ein zäher Rührteig entsteht.

2 Den Backofen auf 200° vorheizen. Den Teig in der mit Backpapier ausgelegten Fettpfanne verteilen und glatt streichen. Etwa 30 Min. backen, aus dem Ofen nehmen und auskühlen lassen.

3 Inzwischen die Gelatine in kaltem Wasser einweichen. Die Erdbeeren waschen, entstielen. Etwa 750 g pürieren, die restlichen Früchte in Stücke schneiden und auf dem Kuchenboden verteilen. Hüttenkäse, Quark und das Erdbeerpüree mit dem Agavendicksaft süßen.

4 Die Gelatine abtropfen lassen und in einem kleinen Töpfchen tropfnass bei schwacher Hitze auflösen. Einige Löffel Erdbeercreme unter die Gelatine rühren. Diese Mischung unter die restliche Erdbeermasse ziehen. Die Creme auf den Erdbeerstücken verteilen und fest werden lassen. Zum Servieren in Stücke schneiden.

info

Mit den Augen essen

Gerade Kinder essen mit den Augen. Eine witzige Dekoration macht ihnen Appetit. Hier ein paar Anregungen:

- Mit kleinen Ausstechern lassen sich Gemüse und Obst hübsch gestalten.
- Mit dunklem Kakaopulver oder Puderzucker lässt sich mit Hilfe einer Schablone Muster auf Gebäck zaubern.
- Warum nicht mal ein Brot in der Katzenform backen – dann wird selbst Vollkorn akzeptiert.
- Alles, was klein portioniert ist, kommt bei Kindern gut an.
- Essbare Tiere lieben alle Kinder:

Radieschenmäuse: Radieschen unten abflachen und flache Schnitte für Ohren machen. Die Mäuse kurz in kaltes Wasser legen, dann springen die Ohren auf. Nelken für Augen eindrücken.

Apfeligel: Äpfel längs halbieren, mit Mandelstiften Stacheln, mit Nelken Augen machen.

Erdbeerkäfer: Das spitze Ende der Erdbeere fürs Käfergesicht in flüssige Kouvertüre tauchen, mit Zuckerperlen Schnäuzchen und Augen aufdrücken. Mit Kuvertüre die Mittelinie der Flügel und die Punkte aufsetzen.

Ab wann können Kinder selber kochen und backen?

Im Kindergartenalter ab 3 Jahren kann ein Kind mit Lebensmitteln umgehen. Es lernt, das Messer zu gebrauchen und sich vor Hitze in Acht zu nehmen. Aber auch Zweijährige dürfen ruhig mal den Mixer halten oder eine Salatsauce umrühren. Natürlich kann ein Kleinkind noch nicht alleine kochen – es wird das nur unter Aufsicht tun. Aber der beaufsichtigte Umgang mit Messer und Hitze entwickelt Geschicklichkeit und hilft, Unfälle zu vermeiden. Mit Schuleintritt kann ein Kind schon selbständig einfache Gerichte zubereiten – wenn Gerätschaften und Küche kindgerecht sind.

Schokokuchen

(großes Bild)

Zutaten für 1 Backblech (30 Stück)

250 g Butter
400 g Vollmilchschokolade
100 g süße Sahne, 8 Eier, 200 g Zucker
1 Päckchen Vanillezucker
350 g Mehl
1 Päckchen Backpulver
200 g gehackte Walnüsse
Backpapier

Für den Guß:

150 g dunkle Kuvertüre
100 g Aprikosenkonfitüre
Süßkram zum Verzieren

Zubereitungszeit: ca. 30 Min.
Backzeit: ca. 30–40 Min.
Pro Portion ca.: 606 kcal · 16 g E · 17 g F · 99 g K

Gehaltvoll · gut vorzubereiten

1 Butter schmelzen und abkühlen lassen. Schokolade im Wasserbad schmelzen und zu der Butter geben. Mit der Sahne verrühren.

2 Eier trennen. Eigelbe mit Zucker und Vanillezucker zu einer Creme schlagen und im Wechsel das Mehl mit Backpulver, und die Buttercreme zugeben. Dann Nüsse untermischen. Eiweiße sehr steif schlagen und zum Schluss unter den Teig ziehen.

3 Ein tiefes Backblech mit Backpapier auslegen und die Masse darauf verteilen. Bei 180° 30–40 Min. backen.

4 Kuvertüre im Wasserbad schmelzen, Konfitüre leicht erhitzen. Zuerst Konfitüre dünn auf den Kuchen streichen, dann geschmolzene Kuvertüre darauf verteilen und glatt streichen. Die Stücke markieren und mit dem Lieblings-Süßkram Ihres Kindes verzieren. Nach dem Erkalten in Quadrate schneiden.

Kalte Mamsell

(kleines Bild)

Zutaten für 1 Springform mit 26 cm Ø oder 2 kleinere Springformen

200 g Vollkornbutterkekse
100 g weiche Butter
9 Blatt weiße Gelatine
500 g Quark (20 % Fett)
500 g Dickmilch
4–5 EL Honig, 4 Orangen
Backpapier

Zubereitungszeit: ca. 45 Min.
Gelierzeit: ca. 2 Std.
Pro Portion ca.: 249 kcal · 9 g E · 12 g F · 27 g K

Fettarm · gut vorzubereiten · preiswert

1 Die Kekse fein zerreiben (am besten mit der Küchenmaschine) und die Brösel mit der Butter verkneten. Den Boden der Springform mit Backpapier auslegen, die Brösel-Masse auf dem Boden verteilen.

2 Die Gelatine nach Packungsanweisung einweichen. Quark, Dickmilch und Honig glatt rühren. Orangen schälen, 3 davon filetieren (das heißt, die Fruchtspalten aus den weißen Häuten herausschneiden) und 1 in Scheiben schneiden.

3 Die Gelatine ausdrücken, dann im Wasserbad auflösen, anschließend 4 EL der Quarkmasse unterrühren. Gelatine-Mischung unter ständigem Rühren unter den restlichen Quark heben. Eine dünne Schicht Quarkcreme auf den Bröselboden geben. Die Orangenfilets auf der Creme verteilen. Die restliche Quarkcreme vorsichtig über den Orangen verteilen.

3 Die Orangenscheiben halbieren und als Garnitur oben auf den Kuchen legen. Den Kuchen im Kühlschrank 2 Std. fest werden lassen.

info

Zusatzstoffe

265 Zusatzstoffe sind in der EU zugelassen – sie alle haben eine E-Nummer. Wer wissen willl, was sich dahinter verbirgt, sollte von der Verbraucher-Zentrale die Lebensmittel-Zusatzstoffliste bestellen.

Zusatzstoffe haben v. a. die Funktion, Lebensmitteln ein attraktives Aussehen zu erhalten und aus schlichten Zutaten mehr herauszuholen. Dazu gehören vor allem Farbstoffe, Säuerungsmittel, Geschmacksverstärker (Seite 67) und Süßungsmittel.

Die Konsistenz und das Mundgefühl werden beeinflusst durch Geliermittel, Verdickungsmittel, Emulgatoren, modifizierte (= bearbeitete) Stärken und Stabilisatoren.

Der guten Haltbarkeit dienen Konservierungsstoffe, Antioxidationsmittel, Pack- und Treibgase. Die große Gruppe der Aromastoffe – an die 2000 Substanzen – hat gar keine E-Nummern, sie werden aber auf der Zutatenliste angegeben.

Problematisch sind Zusatzstoffe für Allergiker – je größer die Zahl der Substanzen, die in ein Lebensmittel gepackt werden, desto höher die Gefahr einer Reaktion.

Außerdem erhöht sich durch zu viel »Kunst« die Reizschwelle für das Geschmacksempfinden: Gerade Kinder können sich so daran gewöhnen, dass sie mit dem natürlichen Geschmack nicht mehr zufrieden sind.

Dürfen Kinder zu dünn sein?
Die Kurve auf Seite 115 gibt Auskunft darüber, wann Kinder zu dünn sind. In guten Zeiten ist Untergewicht sicher nicht so gefährlich wie Übergewicht. Aber lang andauerndes Untergewicht kann ein verringertes Wachstum zur Folge haben. Außerdem besteht bei den kleinen Nahrungsmengen die Gefahr, daß das Kind nicht mit allen Nährstoffen optimal versorgt ist. Viele kleine Mahlzeiten mit hoher Nährwertdichte: Nüsse, Käse, Joghurts, Eiscreme und hochwertige Getränke wie Vollmilch, Kakao oder frisch gepresste Säfte helfen, Defizite zu vermeiden.

Trauben-Tee

Zutaten für 12 Gläser
6 Beutel Früchtetee
2 unbehandelte Zitronen
1 Prise Jodsalz
1 l ungesüßter Traubensaft

Zubereitungszeit: ca. 15 Min.
Kühlzeit: ca. 30 Min.
Pro Glas ca.: 57 kcal · 0 g E · 0 g F · 14 g K

SCHNELL · KINDERLEICHT

1 Den Tee mit 1 l kochendem Wasser überbrühen. Die Zitronen waschen und trockenreiben. Die Zitronenschale mit dem Kartoffelschäler abschälen und in den Tee legen. Den Tee 10 Min. ziehen lassen, dann die Beutel herausnehmen und den Tee abkühlen lassen.

2 Die Zitronen auspressen. Die Zitronenschale aus dem Tee nehmen. Den Zitronensaft, das Jodsalz und den Traubensaft mit dem Früchtetee mischen. Etwa 30 Min. kalt stellen.

Kinder-Bowle

Zutaten für 16 Gläser
1 Charentais- oder Ogenmelone
$^{1}/_{2}$ Honigmelone
$^{1}/_{4}$ Wassermelone
1 Bund frische Pfefferminze
$^{3}/_{4}$ l klarer Birnensaft
1 l Mineralwasser

Zubereitungszeit: ca. 30 Min.
Ruhezeit: ca. 2 Std.
Pro Glas ca.: 49 kcal · 0 g E · 0 g F · 11 g K

AUCH FÜR VIELE · RAFFINIERT

1 Die ganze Melone halbieren, Kerne herausschaben. Aus dem Melonenfleisch mit dem Kugelausstecher Kugeln ausstechen, in ein Bowlengefäß geben. Die Pfefferminze waschen, abtropfen lassen. Die Hälfte der Zweige in das Bowlengefäß legen. Den Birnensaft darüber gießen. Die Bowle zugedeckt etwa 2 Std. ziehen lassen und kühl stellen.

2 Die Pfefferminzzweige aus der Bowle nehmen. Die restlichen Minzeblättchen abzupfen, in die Bowle geben. Mit dem Mineralwasser aufgießen.

Variante:
Dieses Grundrezept lässt sich mit allen saftigen, zartfleischigen Früchten zubereiten. Im Winter bieten sich Orangen, Ananas oder Mangos an, im Sommer gibt's Beeren. Wenn die Bowle ein eigenständiger, kleiner Nachtisch sein soll, machen Sie ein Eiscreme-Soda draus: Füllen Sie die Gläser mit der Bowle und setzen Sie ein Bällchen Fruchteiscreme obenauf. Dazu gibt's einen Strohhalm-Löffel für jeden.

info

Gesunde Kindergetränke

Der beste Durstlöscher ist Wasser. Aber Vorurteile gegen Leitungswasser sind immer noch weit verbreitet. Dabei gehört Trinkwasser zu den am besten kontrollierten Lebensmitteln in Deutschland!

Natürlich ist auch Mineralwasser empfehlenswert – vor allem mit einem hohem Calciumgehalt (über 200 mg/l). Ob selbst aufgesprudelt oder mit natürlichem »Bizzel« ist Geschmackssache. Nur: zu viel Kohlensäure kann leicht zu übersäuertem Magen führen – deshalb Kinder lieber an stilles Wasser gewöhnen. Gut gekühlt schmeckt es meist viel besser.

Tee in allen Variationen ist groß im Kommen. Probieren Sie Zitronengras, Früchtemix oder Roibos – die schmecken Kindern meist auch ohne Zucker.

Wenn es bei Tisch Fleisch gibt, ist eine Fruchtsaftschorle ideal: Vitamin C verbessert nämlich die Aufnahme von Eisen aus dem Fleisch.

Zum Frühstück sollte es Milch oder Kakao geben, denn mit dem Getreide-Eiweiß aus Frühstücksflocken und Brot kann das Milcheiweiß besonders gut verwertet werden. Zwischendurch sind aber Wasser, Saftschorle oder ungesüßte Tees die idealen Durstlöscher.

Zum Gesund-werden

Sternchen-Suppe
(großes Bild)

Zutaten für 1 Person
1 junge Möhre
1 TL Butter oder Margarine
300 ml Gemüsebrühe
30 g Sternchennudeln
100 g TK-Erbsen
1 Ei
1 EL Milch
Kräutersalz
1 TL gehackte Petersilie

Zubereitungszeit: ca. 25 Min.
Pro Portion ca.: 276 kcal · 12 g E · 14 g F · 22 g K

Kinderleicht · vegetarisch

1 Die Möhre längs rillen, waschen und schälen. Von der Außenseite her einschneiden, sodass im Querschnitt Blumen entstehen. Die Möhren in Scheiben schneiden. In einem Topf das Fett zerlassen und die Möhrenblumen andünsten. Gemüsebrühe angießen, aufkochen lassen und die Nudeln und die Erbsen zugeben. 10 Min. leicht kochen lassen.

2 Inzwischen das Ei mit der Milch und 1 Prise Kräutersalz verschlagen. Eine kleine feuerfeste Form ausfetten, das Ei hineingießen und das Förmchen ins Wasserbad stellen. Das Wasserbad zum Kochen bringen und den Deckel auflegen. Nach 7 Min. mit dem Messer testen, ob das Ei fest ist. Dann aus dem Förmchen stürzen und in Würfel schneiden.

3 Die Eierstichwürfel und die Petersilie in die Suppe geben und abschmecken.

Variante:
Wenn es schnell gehen soll, können Sie das Ei auch unter Rühren direkt in die Suppe einlaufen lassen – dann haben Sie eine Eierflaumsuppe.

Aprikosen-Drink
(ohne Bild)

Zutaten für 1 Person
30 g getrocknete Aprikosen
1 Orange
1 Becher Joghurt (3,5 % Fett)
1 EL Hefeflocken (Reformhaus)
1–2 TL Traubenzucker
1 TL Weizenkeimöl oder Sonnenblumenöl

Zubereitungszeit: ca. 10 Min.
Quellzeit: ca. 1 Std.
Pro Portion ca.: 320 kcal · 8 g E · 10 g F · 48 g K

Gehaltvoll · vegetarisch

1 Die getrockneten Aprikosen mit heißem Wasser abwaschen und in feine Würfel schneiden. Die Orange halbieren und auspressen, über die Aprikosen gießen. Im Kühlschrank 1 Std. quellen lassen.

2 Dann den Jogurt, die Hefeflocken, den Traubenzucker und das Öl zufügen und mit dem Pürierstab alles so lange pürieren, bis es schäumt. Mit Strohhalm trinken!

Vitamin-Eis
(kleines Bild)

Zutaten für 8 Stück
1 Beutel schwarzer Tee
1/4 l kochendes Wasser
200 g getrocknete Aprikosen
60 g Traubenzucker
100 g Hagebuttenmark
1 Msp. Safranpulver

Zubereitungszeit: ca. 10 Min.
Quell- und Gefrierzeit: ca. 7 Std.
Pro Portion ca.: 122 kcal · 1 g E · 0 g F · 27 g K

Gut vorzubereiten · ohne Milch und Ei

1 Den Teebeutel mit kochendem Wasser überbrühen und 3 Min. ziehen lassen. Inzwischen die Aprikosen heiß abwaschen und klein schneiden, in den heißen Tee geben. Den Traubenzucker ebenfalls jetzt schon zufügen.

2 Nach 1 Std. mit dem Pürierstab die Aprikosen in ihrem Sud so fein wie möglich zerkleinern. Das Hagebuttenmark mit dem Safranpulver vermischen und ebenfalls unter die Aprikosen ziehen.

3 Diese Mischung in Leckeisförmchen füllen und einfrieren. Nach 6 Std. sind sie fest gefroren.

Hinweis:
Der Schwarztee wirkt leicht anregend – das hilft nach längerer Bettruhe, den Kreislauf wieder in Schwung zu bringen. Ist das nicht nötig, können Sie auch Früchtetee verwenden.

info

Ernährung bei Fieber & Erkältung
Wenn der Körper eine Infektion durchmacht, sollte er möglichst wenig belastet werden: viel Kohlenhydrate, wenig Fett und Eiweiß ist die Devise. Frischgepresste Fruchtsäfte – bei Schluckbeschwerden auch als Leckeis tiefgekühlt –, weiche Obststückchen mit Zitronensaft beträufelt und Fruchtjoghurts.

Ideal sind Krankensüppchen, Gemüsepüree oder Nudeln. Bereiten Sie das Essen immer frisch zu und helfen Sie Ihrem Kind beim Essen – das weckt Appetit und Lebensmut. Auf keinen Fall das Essen lange am Bett stehen lassen. Und immer auf die Wünsche des kleinen Patienten hören. Trinken nicht vergessen! Eine Thermoskanne am Bett hält Tees warm oder Säfte kalt.

Verwöhnen Sie Ihr krankes Kind nach Strich und Faden: das hilft beim Gesundwerden. Wenn Ihr Kind auf dem Wege der Besserung ist, gibt's eine etwas gehaltvollere Kost mit Fleisch, Käse und viel Sauce! Dann wird es bald wieder auf dem Damm sein!

Wie gesund ist eigentlich Eis?
Eis ist nicht gleich Eis. »Wassereis«, das überwiegend aus Saft, Aromen und Zucker besteht, ist mit Limo (Seite 104) vergleichbar. Cremig-sahnige Eiscremes enthalten über 10 % Fett. Am günstigsten ist Milchspeiseeis, das es z. B. beim Italiener gibt. Es besteht zu mindestens 70 % aus Milch. Softeis hat eine höhere Temperatur – deshalb ist es anfällig für Keime. Aber vielleicht können Sie für Ihr Kind Eis selber einfrieren aus pürierten Früchten oder Fruchtjoghurts. Übrigens: Auf seinem Weg in den Magen wird Eis blitzschnell auf Körpertemperatur gebracht.

Würz-Reis

(im Bild links)

Zutaten für 2 Portionen

100 g Rundkornreis
400 ml Wasser
1 TL Jodsalz
4–5 Stängel Petersilie
Soja-Sauce

Zubereitungszeit: ca. 25 Min.
Pro Portion ca.: 182 kcal · 4 g E · 1 g F · 40 g K

RAFFINIERT · SCHNELL

1 Den Reis in einem kleinen Topf anwärmen. Dann das Wasser und das Jodsalz zugeben und zum Kochen bringen. Bei schwacher Hitze in 20 Min. zugedeckt weich kochen.

2 Inzwischen die Petersilie waschen, die Blättchen abzupfen und sehr fein hacken. Dann die fertige Reissuppe mit Soja-Sauce und Petersilie abschmecken.

Zitronentee

(im Bild unten rechts)

Zutaten für 1 l

1 l Wasser
1 TL Fenchelsamen
1 TL schwarzer Tee oder 1 Beutel
1 Prise Jodsalz, 3 EL Traubenzucker
1 Zitrone

Zubereitungszeit: ca. 15 Min.
Pro Portion ca.: 50 kcal · 0 g E · 0 g F · 12 g K

SCHNELL · KINDERLEICHT

1 Das Wasser in einem Topf zum Kochen bringen. Inzwischen die Fenchelsamen in einem Mörser leicht anstoßen und in eine Kanne füllen. Den schwarzen Tee in eine extra Kanne geben.

2 Jeweils $^{1}/_{2}$ l kochendes Wasser in die Fenchel- und in die Teekanne gießen. Nach 3 Min. den schwarzen Tee durch ein Sieb zum Fencheltee gießen. Nach weiteren 5 Min. den Mischtee durch ein Sieb abgießen.

3 Jodsalz und Traubenzucker im Tee auflösen. Die Zitrone halbieren und auspressen, durch ein Sieb in den Tee gießen. Am besten in einer Thermoskanne warm halten und heiß trinken.

Kartoffel-Möhren-Suppe

(im Bild rechts)

Zutaten für 2 Portionen

200 g mehlig kochende Kartoffeln
Jodsalz
200 g Möhren
1–2 TL Zitronensaft
Soja-Sauce

Zubereitungszeit: ca. 40 Min.
Pro Portion ca.: 84 kcal · 3 g E · 0 g F · 17 g K

PREISWERT · GUT VORZUBEREITEN

1 Die Kartoffeln waschen, in der Schale in wenig Wasser mit Jodsalz gar kochen. Inzwischen die Möhren waschen, schälen und klein schneiden. Für die Suppe $^{1}/_{4}$ l Wasser mit $^{1}/_{2}$ TL Jodsalz zum Kochen bringen, die Möhren zugeben und den Deckel schließen. Bei mittlerer Hitze etwa 20 Min. garen.

2 Die Suppe mit einem Pürierstab fein pürieren. Die Kartoffeln pellen und durch die Kartoffelpresse in die Suppe drücken. Mit dem Zitronensaft und der Soja-Sauce abschmecken.

info

Ernährung bei Erbrechen und Durchfall

Kinder sind anfälliger gegenüber Magen-Darm-Infektionen. Erbrechen und Durchfall ist also kein Grund zur Aufregung. Doch wenn die Krankheit länger als 6 Stunden anhält und Ihr Kind unter 6 Jahren alt ist, sollten Sie unbedingt den Kinderarzt konsultieren.

Flüssigkeitsverlust ist nämlich in diesem Alter noch sehr gefährlich. Deshalb steht Trinken auch im Vordergrund – auf Essen kann Ihr Kind ein paar Tage lang ohne Schaden verzichten, nicht aber auf Flüssigkeit – am besten zunächst nur schlückchenweise zu trinken geben. Am besten Tee (siehe unten) oder stilles Wasser – auf keinen Fall kohlensäurehaltige Getränke. Nach und nach die Flüssigkeitsmenge erhöhen.

Bettruhe tut gut, denn Erbrechen und Durchfall schlagen auf den Kreislauf.

Streng verboten sind Fett und Eiweiß. Als erste Mahlzeit Zwieback, geriebenen Apfel, Banane oder Haferschleim geben. Wenn Ihr Kind das Essen bei sich behält, können Sie mit leichter Schonkost beginnen (z. B. Würz-Reis oder Kartoffel-Möhren-Suppe). Die berühmte Cola-Salzstangen-Diät wird heute von Kinderärzten nicht mehr empfohlen, doch wenn Ihr Kind alles andere ablehnt, können Sie es ruhig auch damit versuchen. Mit richtiger Cola, aus der die Kohlensäure herausgerührt ist.

Bei hartnäckigem Durchfall kann es sich um eine Unverträglichkeit wie Zöliakie handeln. Eine gründliche Untersuchung einschließlich Stuhlprobe ist dann wichtig.

Kümmel-Waffeln

(großes Bild)

Zutaten für 8 Waffeln

200 g Weizenmehl
$^1/_2$ TL Jodsalz
1 TL Kümmel, gemahlen
3 TL Backpulver
$^1/_2$ l Wasser
3 EL Öl
1 Ei
200 g zarte Haferflocken

Zubereitungszeit: ca. 30 Min.
Quellzeit: 1 Std.
Pro Portion ca.: 210 kcal · 7 g E · 6 g F · 33 g K

FETTARM · RAFFINIERT

1 Das Mehl mit dem Jodsalz, dem Kümmel und dem Backpulver mischen. Nach und nach das Wasser, das Öl und das Ei unterziehen und mit den Haferflocken zu einem dickflüssigen Teig verrühren.

2 Im beschichteten Waffeleisen nacheinander 8 Waffeln backen. Eventuell das Eisen mit einem Tropfen Öl einpinseln.

3 Die Waffeln in einer Blechdose kühl und trocken aufbewahren.

Hinweis:
Diese Waffeln schmecken am besten frisch, sind fast fettfrei und bieten eine willkommene Abwechslung von Zwieback und Salzstangen. Ihr Kind darf davon knabbern, so viel es mag. Backen Sie gleich auf Vorrat. Zum Essen können Sie die Waffeln toasten, für den gesunden Rest der Familie mit Butter bestreichen.

Variante:
Wer es lieber süßlich mag, ersetzt das Wasser durch Apfelsaft und gibt statt Kümmel 2–3 EL Zucker und nach Geschmack etwas Anis zu.

Apfelschäumchen

(kleines Bild)

Zutaten für 1 Person

2 kleine Äpfel
1 TL Zitronensaft
1 Eiweiß
1 TL Zucker

Zubereitungszeit: ca. 30 Min.
Pro Portion ca.: 135 kcal · 4 g E · 1 g F · 26 g K

FETTARM · RAFFINIERT

1 Die Äpfel waschen, schälen und in Viertel schneiden. Das Kerngehäuse entfernen. Die Apfelspalten mit dem Zitronensaft und etwa 2 EL Wasser in einem kleinen Topf mit Deckel behutsam dünsten.

2 Wenn die Äpfel weich sind, durch ein Sieb streichen und etwas abkühlen lassen. Den Backofen auf 180° vorheizen. Das Eiweiß steif schlagen, nach und nach den Zucker unterziehen. Zum Schluss das Apfelmus unterheben und die Masse in eine kleine Auflaufform füllen.

3 Im heißen Backofen etwa 15 Min. überbacken. Sofort auftragen, denn es fällt schnell zusammen.

info

Gefährliche Keime: Listeriose & EHEC
Zwei Lebensmittelinfektionen machten in der Vergangenheit speziell bei Kindern von sich reden. Beide sind in den meisten Fällen harmlos und kommen in unserem Darm vor, ohne zur Erkrankung zu führen. Doch für Kleinkinder, Schwangere, abwehrschwache und alte Menschen, kann eine Infektion gefährlich werden.

Listeriose wird von Keimen ausgelöst, die bevorzugt in Rohmilch, Weichkäse mit schmieriger Oberfläche, Salaten und rohem Fleisch vorkommen und in der Regel nicht krankheitserregend sind. Doch in Einzelfällen kann es bei Schwangeren zu Totgeburt und Behinderungen des Kindes führen, bei Kindern zu schwerer Angina und Hirnhautentzündung. Bei Temperaturen über 80° werden Listerien abgetötet.

EHEC wird durch die an sich harmlosen Darmbakterien Escherichia coli ausgelöst. Die Symptome sind schwere, ja sogar blutige Durchfälle mit nachfolgendem Nierenversagen. Die Keime stammen vorwiegend aus Fleisch, speziell Hackfleisch. Sie werden durch Temperaturen über 70° abgetötet.

Kleinkinder und Schwangere sollten lieber auf Rohmilch, Rohmilchkäse, rohes Fleisch (Tatar, Mett, Carpaccio) sowie Rohwurst verzichten. Doch diese Dinge lebenslang vom Speisezettel zu verbannen, wäre traurig. Viel wichtiger ist es, zu Hause auf Küchenhygiene zu achten (siehe auch Seite 70 und 95).

Gestörtes Essverhalten – was tun?
Essmarotten gibt es immer wieder – und Machtkämpfe um Tisch und Teller auch. Eltern sollten sich in keinem Fall von den Esslaunen ihres Kindes erpressen lassen, sondern gemeinsam eine Lösrung suchen – mit dem Kind. Ein vorübergehender Gewichtsverlust richtet oft weniger Schaden an als eine jahrelange einseitige Kost. Eine regelmäßige Kontrolle durch den Kinderarzt ist dabei wichtig und beruhigend. Aber wenn Kinder bewusst hungern, sollten Sie das nicht auf die leichte Schulter nehmen: Essstörungen gehören in ärztliche Behandlung.

Was Kinder wovon wirklich brauchen, wie es wirkt – und worin es enthalten ist

Vitamine	natürliches Vorkommen	empfindlich gegen	empfohlene Menge mg/Tag* nach Alter in Jahren	Funktion im Körper	erhöhter Bedarf durch	jetzige Versorgung	Mangel-Symptom
A bzw. Vorstufe Beta-Karotin	gelbes & grünes Gemüse Möhren, Spinat, Broccoli, Grünkohl), Käse, Ei, Leber, Aprikose, Kaki	Licht, Luft	0,6 mit 1–3; 0,7 mit 4–6; 0,8 mit 7–9; 0,9 mit 10–12; 1,0/1,1 mit 13–14	Teil des Sehpurpurs, Erhaltung der Haut, als Beta-Karotin Schutz der Zellwand	fettarme Kost, Abführmittel, Antibiotika	bei älteren Kindern ab 10 Jahren nicht immer optimal	Nachtblindheit, Wachstumsstörungen, schuppige, faltige Haut
D	Seefisch, Eigelb, Pilze, Fleisch; wird in der Haut von UV-Strahlen gebildet	Licht, Luft	Mikrogramm: 5 für alle Altersgruppen	Bildung von Knochen und Knorpeln	wenig Sonne, Antibiotika, Abführmittel	mit Vitamin D-Tabletten nach Rezept ausreichend	Knochenentkalkung, Wachstumsstörung
E	Pflanzliche Fette (Öl, Margarine) in Getreide, Nüssen, Hülsenfrüchten, Hering, Makrele	Licht, Luft	5–6 mit 1–3; 8 mit 4–6; 9–10 mit 7–9; 11–13 mit 10–12; 14 mit 13–14	Schützt Vitamin A und mehrfach ungesättigte Fettsäuren, Zellschutz, Schutz der Leber	Belastung, Antibiotika, Abführmittel	ausreichend	selten: Blutarmut, Muskelschwund
K	Grünes Gemüse (Spinat, Grünkohl, Blumenkohl), Leber; wird auch im Dickdarm gebildet	Licht	Mikrogramm: 15 mit 1–3; 20 mit 4–6; 30 mit 7–9; 40 mit 10–12; 50 mit 13–14	Blutgerinnung, Knochenbildung	Abführmittel, Sulfonamide	ausreichend durch eigene Bildung	erhöhte Blutungsneigung
B_1	Getreidevollkorn, Sprossen, Schweinefleisch, Hülsenfrüchte, Austern, Sonnenblumenkerne	Hitze	0,6 mit 1–3; 0,8 mit 4–6; 1,0 mit 7–9; 1/1,2 mit 10–12; 1/1,4 mit 13–14	Nervenzellen, Muskeln, Kohlenhydratstoffwechsel	Sulfonamide, Antibiotika, zuckerreiche Ernährung	knapp	Kreislaufstörung, Nervenschäden, Unwohlsein
B_2	Milch und Milchprodukte, Quark, Käse, Ei, Leber, Trockenhefe, Sprossen	Licht, Hitze	0,9 mit 4–6; 1,1 mit 7–9; 1,2/1,4 mit 10–12; 1,3/1,6 mit 13–14	Eiweiß-, Fett und Kohlenhydratstoffwechsel	Sulfonamide, Antibiotika	ausreichend, ab 12 Jahren unter Umständen knapp	Wachstumsstörung, Abnehmen, Risse im Mundwinkel
B_6	Getreidevollkorn, Weizenkeime, Soja, Fleisch, Seefisch, Banane, Kohl, Lauch, Paprika	Licht, Hitze	0,4 mit 1–3; 0,5 mit 4–6; 0,7 mit 7–9; 1 mit 10–12; 1,4 mit 13–14	Eiweißstoffwechsel, Nerven, rote Blutkörperchen, Gewebshormone	Sulfonamine, Antibiotika	ausreichend	Hautveränderungen, Blutarmut, nervöse Störungen
B_{12}	Milch, Sauermilchprodukte, Fleisch, Ei, Käse, Lachs, milchsaures Gemüse	Licht, Luft	1 mit 1–3; 1,5 mit 4–6; 1,8 mit 7–9; 2 mit 10–12; 3 mit 13–14	Zellaufbau, Blutbildung	Sulfonamide, Antibiotika, Entwässerungs-, Antidiabetes- und Bluthochdruck-Medikamente, streng vegetarische Kost	ausreichend	Blutarmut
Niacin	Getreidevollkorn, Hülsenfrüchte, Fleisch, Seefisch, Pilze, Kartoffeln	–	7 mit 1–3; 10 mit 4–6; 12 mit 7–9; 13/15 mit 10–12; 15/18 mit 13–14	Energieumsatz im Körper	schwerer Durchfall	ausreichend	Rauhe Haut, Durchfall, Schwindel, Depression, Erbrechen
Folsäure	Frischgemüse (rote Bete, Spinat, Fenchel, Spargel), Leber, Bäckerhefe, Orangensaft	Hitze, Licht	Mikrogramm: 200 mit 1–3; 300 mit 4–9; 400 mit 10–14	Blutbildung, Zellteilung	Sulfonamide, Antibiotika	knapp	Blutarmut, Schleimhautveränderungen
Pantothensäure	Leber, Hefe, Eigelb, Getreidevollkorn, Melone, Broccoli, Pilze, Gelee Royale	Hitze, Säure	4 mit 1–6; 5 mit 7–12; 6 mit 13–14	Fett-, Eiweiß-, Kohlenhydratstoffwechsel, Haarwuchs, Hautwachstum	Sulfonamide, Belastung	ausreichend	Hautschäden, Wachstumsstörung
Biotin	Leber, Trockenhefe, Eigelb, Sprossen, Soja	–	Mikrogramm: 10/15 mit 1–6; 15/20 mit 7–9; 20/30 mit 10–12; 25/35 mit 13–14	Fett-, Eiweiß-, Kohlenhydratstoffwechsel	Genuss von rohem Eiweiß	ausreichend	Haarausfall, Hautveränderungen, Abgeschlagenheit
C	Gemüse (Kohl, Spinat, Paprika, Broccoli, Fenchel, Mangold), Obst (Zitrusfrüchte, Beeren)	Hitze, Licht, Luft	60 mit 1–3; 70 mit 4–6; 80 mit 7–9; 90 mit 10–12; 100 mit 13–14	Zellstoffwechsel, Bindegewebsbildung, Eisenaufnahme, Immunabwehr	Belastung, Antibiotika, Sulfonamide	ausreichend	Müdigkeit, Infektionsanfälligkeit, verzögerte Wundheilung

* mg = Milligramm (0,001 g = 1 mg); ist die Menge sehr klein, wird sie in Mikrogramm angegeben und extra ausgewiesen (0,001 mg = 1 µg)

Mineralstoffe	Natürliches Vorkommen	empfindlich gegen	empfohlene Menge mg/Tag* nach Alter in Jahren	Funktion im Körper	erhöhter Bedarf durch	jetzige Versorgung	Mangel-Symptom
Natrium	Kochsalz (Natriumchlorid), Backpulver, salzige Lebensmittel wie Brot, Käse, Wurst	–	300 mit 1–3; 410 mit 4–6; 460 mit 7–9; 510 mit 10–12; 550 mit 13–14	Zelldruck, Zucker- und Aminosäureaufnahme, neuromuskuläre Erregbarkeit	Schwitzen, Durchfall, Erbrechen	bestens	Schwäche, Blutdruckabfall, Krämpfe, Schwindel
Chlor	Kochsalz, Backpulver, salzige Lebensmittel wie Brot, Käse, Wurst	–	450 mit 1–3; 620 mit 4–6; 690 mit 7–9; 770 mit 10–12; 830 mit 13–14	Wichtig für den Säure-Basen-Haushalt, Bestandteil der Salzsäure im Magen	Schwitzen, Durchfall, Erbrechen	bestens	Verdauungsstörung, Muskelschwäche
Kalium	Kartoffeln, Gemüse, Obst, Hülsenfrüchte, Getreide (Vollkorn), Nüsse & Samen	Ausschwemmen beim Kochen	1000 mit 1–3; 1400 mit 4–6; 1600 mit 7–9; 1700 mit 10–12; 1900 mit 13–14	Gegenspieler in der Zelle zum Natrium außerhalb der Zelle, neuromuskuläre Erregbarkeit, Säure-Basen-Haushalt, Eiweißbildung, Energiestoffwechsel	Schwitzen, Erbrechen, Durchfall, Abführmittel, zu viel Kochsalz	ausreichend	Muskelschwäche, Blutdruckabfall, Verstopfung
Calcium	Milch und Milchprodukte, Käse, auch: Sesam, Nüsse, Hülsenfrüchte, grünes Blattgemüse	Oxalat, Phytat & Phosphor binden Calcium unlöslich	600 mit 1–3; 700 mit 4–6; 900 mit 7–9; 1100 mit 10–12; 1200 mit 13–14	Aufbau von Knochen und Zähnen, Blutgerinnung, Herztätigkeit, Erregbarkeit von Muskeln und Nerven	Vitamin D-Mangel, Störung der Nebenschilddrüse, zu fette oder phosphatreiche Nahrung in Wachstumsphasen	nicht ausreichend	Muskelkrämpfe, Rachitis, chronische Veränderungen an Haar, Haut, Nägeln und Zähnen
Phosphor	Käse, Fleisch & Wurst, Nüsse, Getreide, Hefe, Fertiggerichte, Erfrischungsgetränke	–	500 mit 1–3; 600 mit 4–6; 800 mit 7–9; 1250 mit 10–14	Bestandteil von Knochen, Zähnen und Körpereiweiß, Energiestoffwechsel, Nerventätigkeit	Durch Medikamente gegen zu viel Magensäure	bestens	Rachitis, bei Überversorgung möglicherweise Hyperaktivität
Magnesium	Getreide (Vollkorn), Reis, Krustentiere, Hülsenfrüchte, Gemüse, Kartoffeln, Kakao, Nüsse & Samen	Ausschwemmen, Eisen und Phytin binden Magnesium	80 mit 1–3; 120 mit 4–6; 170 mit 7–9; 230/250 mit 10–12; 310 mit 13–14	Bestandteil von Knochen und Muskeln, Energie- und Eiweißstoffwechsel, Muskelaktionen, Immunkräfte	Magen-Darm-Erkrankungen, Schilddrüsenerkrankungen	ausreichend	Muskelkrämpfe, Schwindel, Abnehmen, Unruhe
Eisen	Fleisch, Innereien, Getreidevollkorn (Hirse), Hülsenfrüchte, Sesam, Aprikosen, Spinat, Kopfsalat, Kresse, Gartenkräuter	Ausschwemmen, Calcium, Phosphor, Tannin (Schwarztee), Oxalat und Phytat binden Eisen unlöslich	8 mit 1–6; 10 mit 7–9; 12/15 mit 10–14	Blutbildung, Sauerstoffversorgung, Immunreaktion	die ersten 2 Lebensjahre, Pubertät, Blutverluste, Krankheit	knapp	Fehlende Vitalität, Blässe, Müdigkeit, Appetitlosigkeit
Jod	Trinkwasser, Seefisch, jodiertes Speisesalz, Algen	–	Mikrogramm: 100 mit 1–3; 120 mit 4–6; 140 mit 7–9; 180 mit 10–12; 200 mit 13–14	Bestandteil des Schilddrüsenhormons	jodarme Böden wie in Deutschland	nicht ausreichend	Kropfbildung, Wachstumsverzögerung, Konzentrationsschwäche, Antriebsarmut
Fluorid	Trinkwasser, Fisch, Fleisch, fluoridiertes Salz, Zahnpasta	Calcium, Magnesium, Eisen binden Fluor unlöslich	0,7 mit 1–3; 1,1 mit 4–9; 2 mit 7–9; 2 mit 10–12; 3,2/2,9 mit 13–14	Härtung des Zahnschmelzes, stärkt Haar, Nägel, Haut, Bindegewebe und Bänder	Wachstum	nicht ausreichend	Karies
Selen	Fisch, Fleisch, Sojabohnen, Getreide (Vollkorn)	–	Mikrogramm: 10–40 mit 1–3; 15–45 mit 4–6; 20–50 mit 7–9; 25–60 mit 10–12; 25–60 mit 13–14	Bestandteil von entgiftenden Enzymen, antioxidativer Schutz	Krankheit, Stress	ausreichend	Störung in der Muskelfunktion
Zink	Fisch, Schalentiere, Fleisch, Milch & Milchprodukte, Getreide (Vollkorn), Nüsse & Samen, Eigelb	Calcium, Phytat und Kupfer binden Zink unlöslich, viel Fett hemmt Aufnahme	3 mit 1–3; 5 mit 4–6; 7 mit 7–9; 9/7 mit 10–12; 5/7 mit 13–14	Eiweiß- und Kohlenhydratstoffwechsel, Immunsystem, Insulinproduktion, Stabilisierung der Zellwände, Wundheilung	Stress	ausreichend	Appetitlosigkeit, fehlender Geschmack, Haarausfall, verzögerte Wundheilung, Wachstumsstörungen

* siehe Erläuterung Seite 112 unten. In der Regel bezieht sich bei einer Spanne von zwei Werten der erste auf Jungen, der zweite auf Mädchen.

Was soll mein Kind in welchen Mengen essen?

Empfohlene Lebensmittel (sie sollten mehr als 80 % der Gesamtenergiezufuhr betragen)

Alter (Jahre)		1	2–3	4–6	7–9	10–12	13–14
reichlich							
Getränke	ml/Tag	600	800	900	1000	1200	1300
Brot, Getreide(-flocken)	g/Tag	80	120	170	200	250	280
Kartoffeln, Nudeln, Reis, Getreide	g/Tag	80	100	120	140	180	200
Gemüse	g/Tag	100	120	180	200	230	250
Obst	g/Tag	100	120	180	200	230	250
mäßig							
Milch*, Milchprodukte	ml (g)/Tag	300	330	400	450	470	500
Fleisch, Wurst	g/Tag	40	50	60	70	80	90
Eier	Stück/Woche	1–2	1–2	2	2	2–3	3
Fisch	g/Woche	50	70	100	150	180	200
sparsam							
Margarine, Öl, Butter	g/Tag	10	15	20	25	30	30

Quelle: Forschungsinstitut für Kinderernährung, Dortmund

Geduldete Lebensmittel
(weniger als 20 % der Gesamtenergiezufuhr)

Altersgruppe		Kleinkinder, Schulkinder	Jugendliche
z. B.			
Kuchen, Süßigkeiten	g/Tag	unter 50	unter 80
Marmelade, Zucker	g/Tag	unter 10	unter 20

*100 ml Milch entsprechen im Calciumgehalt etwa 15 g Schnittkäse oder 30 g Weichkäse.

Wie viel Energie braucht mein Kind?

Energie wird meist in Kilokalorien (kcal) gemessen. Je nach körperlicher Aktivität kann der Wert um 10 % nach unten und oben abweichen. Natürlich spielt auch die Größe und das Gewicht eine Rolle. Das letzte Wort über den Energiebedarf spricht die Waage: Bei Übergewicht ist der Energiebedarf niedriger als die Zufuhr – bei Untergewicht ist es umgekehrt. Auf den Balken sind Kilokalorien pro Tag (kcal/Tag) nach den Referenzwerten der DGE (Deutsche Gesellschaft für Ernährung) aufgeführt. Erstaunlich, aber wissenschaftlich abgesichert: schon kleine Mädchen brauchen weniger Kalorien als Jungens!

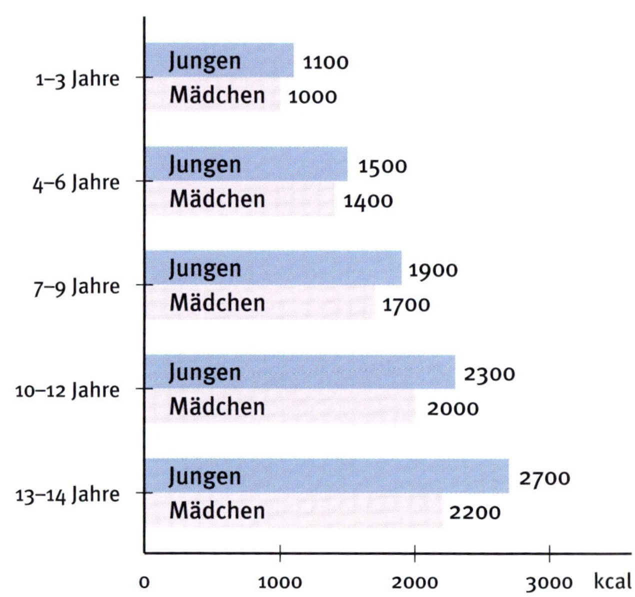

Wiegt mein Kind zu viel?

Kinder wachsen – und zwar in Schüben. Deshalb ist Unter- und Übergewicht nur alarmierend, wenn es von Dauer ist. Denn vor einem Wachstumsschub kann ein Kind schon mal mollig werden und danach kann es ganz schön mager sein. Doch wenn das Gewicht dauerhaft abweicht, ist das durchaus ein Grund zum Handeln.
Untergewicht bedeutet gleichzeitig zu wenig Bausteine für den Aufbau des Körpers. Dadurch kann sich das Wachstum verzögern und es können langfristig Defizite in der körperlichen und geistigen Entwicklung entstehen.

Übergewicht ist mit wachsendem Alter eine Hypothek für das spätere Leben. Die Gelenke werden strapaziert, Arteriosklerose und Bluthochdruck können sich entwickeln, das Selbstwertgefühl leidet, die körperliche Trägheit nimmt zu. Ein Teufelskreis entsteht.
Auf der Kurve unten können Sie ganz grob sehen, wo Ihr Kind liegt.

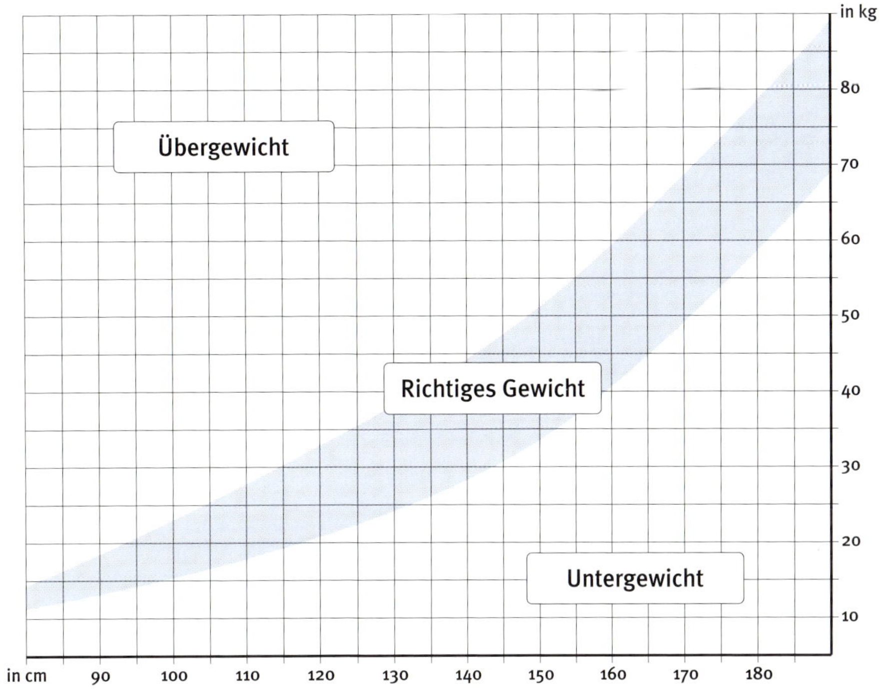

Der Body Mass Index

Wer es genauer wissen will, kann den Body Mass Index (BMI) ausrechnen. Mit dem Body Mass Index können Sie das Normalgewicht sowie Über- und Untergewicht bestimmen. Er setzt das Körpergewicht ins Verhältnis zur Körpergröße. Er ist für Kinder entsprechend ihres Alters und Wachstums sehr unterschiedlich.
Und so rechnen Sie ihn aus:
BMI = kg/m² (Gewicht geteilt durch Körpergröße im Quadrat). Wenn Ihr Kind z. B. bei 1,30 m Größe 30 kg wiegt, ergibt sich 30 kg geteilt durch 1,30 m x 1,30 m = 30 geteilt durch 1,69 = 17,61.
Ihr Kind ist 10 Jahre alt, eine Tochter und hat einen BMI von 17,61. Diesen Wert müssen Sie jetzt mit nebenstehender Tabelle, die den höchsten BMI anzeigt, vergleichen. Mit Sicherheit ist Ihr Kind also nicht zu dick.

Body Mass Index

Alter	Mädchen BMI	Jungen BMI
5	17,4	17,3
6	17,6	17,5
7	17,8	17,8
8	18,1	18,4
9	18,7	19,1
10	19,6	20,1
11	20,5	21,0
12	21,6	21,8
13	22,4	22,4
14	23,0	23,1
15	23,5	23,6
16	23,7	24,0
17	23,9	24,4
18	24,1	24,8

Rezeptregister

Sachwortregister

Kurzcharakteristika der Rezepte

Auch für viele

Fettarm

Gehaltvoll

Gut vorzubereiten

Kinderleicht

Ohne Milch und Ei

Preiswert

Raffiniert

Schnell

Vegetarisch

Impressum

Die Autorin

Dagmar Freifrau v. Cramm arbeitete nach Abschluss des Studiums der Ökotrophologie zunächst in der Redaktion einer großen Münchner Kochzeitschrift. 1984 machte sie sich als Fachjournalistin für Ernährung selbstständig. Inzwischen ist sie Mutter von drei Söhnen. Sie gewann zweimal den Journalistenpreis der Deutschen Gesellschaft für Ernährung (DGE) und ist Mitglied des Präsidiums. Frau von Cramm ist regelmäßig im SWR als Expertin für Ernährung zu sehen.

Familie v. Cramm

Der Fotograf

Reiner Schmitz begann seine Laufbahn in Düsseldorf und München als Assistent bei verschiedenen Food- und Stillife-Fotografen. 1989 machte er sich als Fotodesigner selbstständig. Besonderen Wert legt Reiner Schmitz auf stimmungsvolle Aufnahmen, die die natürliche Frische der Lebensmittel wiedergeben.

Abkürzungen

TL = Teelöffel
EL = Eßlöffel
Msp. = Messerspitze

Bildnachweis

Image Bank/Britt Erlanson S. 3; Regine M. S. 4/5; Andre Gallant S. 7; Bard Martin S. 65; Renzo Mancini S. 77; Ross Whitaker S. 115; Tony Stone/Andrew Olney S. 87; Fotodesign Georg M. Wunsch S. 1; 11 unten; 15 unten; 18; 19; 21 unten; 23 oben; 25; 27; 28 links; 29; 31 unten; 33 unten; 35 unten; 41 unten; 46 rechts; 51 unten; 55 unten links; 57 unten; 64 rechts; 67 unten; 71 unten; 76 links; 81 unten; 82 unten; 83 unten; 85 unten; 86; 89 unten; 91 unten; 93; 95; 97 unten; 98 unten; 99 oben; 101; 103 unten; 104; 105; 107; 109; 111. alle weiteren: Reiner Schmitz.

Redaktion: Dr. Stephanie v. Werz-Kovacs
Lektorat: Christine Hartmann-Batz
Foodfotografie: Reiner Schmitz; Georg M. Wunsch
Typografie und Layout: Kraxenberger KommunikationsHaus GmbH
Herstellung: Markus Plötz
Satz: Johannes Kojer
Reproduktion: Repro Schmidt, Dornbirn/Austria
Druck: Appl
Bindung: Monheim

ISBN 3-7742-2211-8

Auflage	5.	4.	3.	2.	1.
Jahr	04	03	02	01	2000

Das Original mit Garantie

Ihre Meinung ist uns wichtig. Deshalb möchten wir Ihre Kritik, gerne aber auch Ihr Lob erfahren. Um als führender Ratgeberverlag für Sie noch besser zu werden. Darum: Schreiben Sie uns!
leserservice@graefe-und-unzer.de
Wir freuen uns auf Ihre Post und wünschen Ihnen viel Spaß mit Ihrem GU-Ratgeber.

Unsere Garantie: Sollte ein GU-Ratgeber einmal einen Fehler enthalten, schicken Sie uns das Buch mit einem kleinen Hinweis und der Quittung innerhalb von sechs Monaten nach dem Kauf zurück. Wir tauschen Ihnen den GU-Ratgeber gegen einen anderen zum gleichen oder ähnlichen Thema um.

Ihr Gräfe und Unzer Verlag
Redaktion Kochen
Postfach 86 03 25
81630 München
Fax: 0 89/4 19 81 - 113